团队黏性

如何用好2%的关键性人才

〔美〕马克·埃夫隆（Marc Effron）

〔美〕里亚姆·奥尔特（Miriam Ort）著

刘婧 译

ONE PAGE TALENT MANAGEMENT

民主与建设出版社

·北京·

© 民主与建设出版社，2020

图书在版编目（CIP）数据

团队黏性：如何用好 2% 的关键性人才 /（美）马克
· 埃夫隆,（美）里亚姆 · 奥尔特著；刘婧译 . —— 北京：
民主与建设出版社，2020.7

书名原文：One Page Talent Management
ISBN 978-7-5139-3055-0

Ⅰ . ①团… Ⅱ . ①马… ②里… ③刘… Ⅲ . ①企业管
理 – 人才管理 Ⅳ . ① F272.92

中国版本图书馆 CIP 数据核字 (2020) 第 093406 号

著作权合同登记号 图字：01-2020-2911

Original work copyright ©2018 Harvard Business School Publishing Corporation
Published by arrangement with Harvard Business Review Press

团队黏性：如何用好 2% 的关键性人才
TUANDUI NIANXING:RUHE YONGHAO 2% DE GUANJIANXING RENCAI

著　　者	［美］马克 · 埃夫隆	［美］里亚姆 · 奥尔特
译　　者	刘　婧	
责任编辑	程　旭　周　艺	
出版发行	民主与建设出版社有限责任公司	
电　　话	（010）59417747　59419778	
社　　址	北京市海淀区西三环中路 10 号望海楼 E 座 7 层	
邮　　编	100142	
印　　刷	唐山富达印务有限公司	
版　　次	2020 年 7 月第 1 版	
印　　次	2020 年 7 月第 1 次印刷	
开　　本	880 毫米 ×1230 毫米　　1/32	
印　　张	8.5 印张	
字　　数	140 千字	
书　　号	ISBN 978-7-5139-3055-0	
定　　价	52.00 元	

注：如有印、装质量问题，请与出版社联系

新　序

九年前我们合著了《团队黏性》。自那以后，人才管理在全球企业中俨然成为一股有力且成熟的力量。也许是一个世纪以来最严重的全球经济衰退促使各家企业更努力地专注于管理人才；也许企业领导者们终于明白，优质的人才会源源不断地创造出更为出色的业绩；也许《团队黏性》证明，与在大型公司的人力资源实践中长期占据主导地位的许多僵化、官僚的方法相比，有效的人才管理更简单，更有影响力。

无论出于何种原因，我们看到人才管理如今已成为全球公司的首要任务，并已发展成一门完善的专业学科，这令我们感到欣喜。许多公司使用《团队黏性》来指导自己构建人才战略和制定管理方法，这让我们倍感荣幸。事实上，经常有一些人随身带着因为经常翻看而书页折角的《团队黏性》，向我们说明他们是怎样把书中提及的理念嵌入实践中，并就未来如何优化征询我们的建议。这些发展令我们确信，企业看到了我们所倡导的以科学为基础、以简单的方式积极地进行人才管理的价值。

自《团队黏性》出版以来，我们有机会与数百家公司面对面地进行交流和商讨。这些互动表明了一个强有力的现实，即成功存在极大的变数，企业在人才管理的探索上还有很长的路要走。许多组织正为此付出巨大努力，但我们经常发现，这些组织在有关人才的思维方式、人才管理能力和行动问责方面存在着根本的差距。

是什么在发挥作用

《团队黏性》引入了基于科学的简单概念——在设计人力资源实践方法时必须以经过验证的科学为出发点。从直觉上看，关于人员和组织的具有广泛性的学术见解应该成为任何人才解决方案的基础。这一理念引起了人力资源和行业领导者的强烈共鸣，并有助于许多组织剔除盲目跟风的、未经证实的人才管理惯常做法。

此外，这本书专注于如何从根本上简化识别、培养和吸引人才的工作。我们对简化的呼吁是基于我们的信念，即企业领导者将更加心甘情愿地参与简单的人才流程而不是复杂的人才流程，并且人才管理实践方法只有在被应用时才能显现出价值。在许多组织中，这种方法的效果看起来是如此显著，它代表了一种行动号召。作为回应，我们看到在简化核心的人才管理实践上掀起了近乎一场革命，涉及了包括绩效管理、人才盘点、培训和领导者评估等方面。

一个意想不到的挑战是，人力资源的领导者们越来越多地意识到密切掌握科学最新资讯的价值，并经常向我们询问如何以最佳方式做到这一点。虽然当今许多网站都对精选的学术文章进行了综述，但没有一个网站专门针对人力资源或人才问题来整合这些信息。保持与时俱进最好的（同样我们承认也不是最为便捷的）方法是阅读我们所编辑的科学期刊——比如《应用心理学期刊》（*Journal of Applied Psychology*）《管理学院期刊》（*Academy of Management Journal*）等。

我们学到了什么

自《团队黏性》付梓出版以来，我们在之后的咨询工作和与企业合作的经历中学到了更多，这些为我们提供了额外的见解。在马克成立了人才战略咨询公司（Talent Strategy

Group）后不久，他观察到了一个机会。他发现，很少有高管团队会就管理人才的最佳方式进行讨论或达成一致。这导致了人才建设的方式是破碎的、缺乏完整性的，因为管理者会用他们的个人偏好来指导自己的决策。

马克创建了一个评估和实施流程，他现在称之为"人才理念"——即高管们为了优化公司的业绩，在公司应如何持续管理绩效、行为、问责、透明度和差异化方面所持有的观点。这个理念在人才管理成功与否上发挥着如此根本的作用，以至于马克如今在任何战略或流程设计讨论之前都会启动一次人才理念咨询活动。如果没有这种理念作为坚实的基础，人才实践可能会岌岌可危地悬空于人力资源领导者的信念之上，或者由于领导团队之间缺乏一致性而产生内在的矛盾。

虽然，在如何最好地管理人才上做出决策看起来像是人力资源的职责，但管理人员们需要对之后将用于人才管理，并推动业务目标的决策负责。一旦管理人员调整了他们对人才管理的偏好，人力资源部门就会发现能快速推进人才管理的方法。这并不意味着人力资源部门要让自己从流程中退出，而是从流程一开始时就要让组织的关键决策者们参与其中。

继《团队黏性》出版后，我们获得的另一个重要结论是人力资源部门的能力对于人才管理成功与否是如此关键，而这种能力却是千差万别的。我们从企业的人力资源处了解到，更优秀的人力资源领导者能够更有效地施展人才管理。我们现在已经发现这些能力在不同公司之间存在着显著的差异。《团队黏性》出版九年来，人力资源的职能也在不断演变，并成为一种更具战略性和咨询性的资源。这种转变提升了人力资源业务合作伙伴（HRBP）在培养人才素养和拓展人才深度方面的作用。但是，许多HRBP并非深谙人才管理基础——如设定目标和实施人才盘点——方面的专家。

这种能力上的差距意味着由于人力资源业务合作伙伴缺乏零缺陷的执行力，即使是基于科学的简单性所设计的人才实践也可能因此无法实现。为了解决这个问题，马克与吉姆·尚利（Jim Shanley）合作，在北卡罗来纳大学凯南－弗拉格勒商学院共同创立了人才管理学院（TMI），向人力资源和业务主管们面授如何成为优秀的人才建设者。人们对这些能力的需求是如此庞大，他们通过公开的或面向私人客户的TMI研讨会培养了三千多名人力资源管理专家和商业领袖。

仍需努力的地方

通过我们的协同努力和咨询工作,我们发现了《团队黏性》中强调的两个问题一直限制着人才管理实践的潜力。问责制和透明度是两个简单的概念,现实证明许多公司很难将二者应用到具体工作中。马克通过对人才理念的调查发现,企业目前在人才建设方面的管理职责水平与高管们所期望的水平之间存在着巨大差距。管理者们需要参与基本的人才实践——设定有效的目标、定期培训或增加团队的继任替补实力。

当我们谈及问责制时,我们指的是结果性受托责任。这意味着如果你采取某种方式就会产生显著的积极影响,而你若是不这样做就会产生显著的负面影响。许多公司并不会对未能成功制订重大目标、建立替补力量而产生的结果而追责。这是令人失望的,因为正如我们在《团队黏性》中所列举的那样,让领导者们承担责任是有多种方法的,很少有企业意识到忙碌的管理者们会优先考虑他们能获得褒奖的活动。

许多企业认为透明度是一个令人生畏的话题。在一个企业中,透明度通常与领导者对企业的绩效及其发展潜力的开放程度有关。与问责制一样,在接受调查时,高管们表示他们希望人才实践及其结果方面变得更加透明。而通常情况下，人力资源的领导者们会担心在这个方向上走得太快。

我们发现很多公司都不愿意变得透明，因为这会迫使他们跨越"透明度最艰难的部分"。"透明度最艰难的部分"包括领导者应该与表现较差或者潜力较低的员工进行一切诚实对话。假如公司开始在绩效和潜力评估方面变得更加开放，我们也会听到各种关于人才保留或敬业度潜在风险的担忧。一般而言，当各方面的影响都得以解决后，人们不难发现，人才管理的障碍显然更多来自情感而非严重的商业风险。

我们坚信，透明度意味着把成年人当作成年人一般对待。当领导者选择对员工不透明时，他们就等于是在否认后者有能力就其生活的重要部分做出明智的决策，并束缚了组织以最好的方式利用人才的能力。

此外，我们已经观察到一种非科学性趋势的增加，这种趋势由于误导性营销而获得牵引力，而这种营销试图通过伪科学或不合逻辑的研究来证明其被追捧的合理性。虽然人力资源从业者在寻求以科学为基础的解决方案时变得更有甄别力。在过去十年中，一些最具破坏性的人力资源实践与提供虚假可信度的研究被随意联系在一起。例如，取消绩效评级的举措与被评级者的情绪反应的研究联系在一起，这种做法迅速传播到各个组织，包括那些拥有完善的人才实践的组织。然而，没有研究表明绩效评级确实会对绩效造成阻碍。

迈向前方

我们对人才管理的未来持非常乐观的态度。我们已经看到企业在增加对人才关注的同时实现了积极的转变并改善了业绩。我们相信，随着管理人员和人力资源领导者在执行优秀人才管理基础方面的经验越来越丰富，能力越来越强，这些成果将会进一步得到提升。

赶时髦和对时尚的追捧将继续干扰企业的注意力。近年来，我们已经见证了从人工智能到神经系统的所有言论——任何被吹捧为人才管理中"下一件大事"的东西。奇怪的是，关于人类行为的核心科学始终没有被改变。坚如磐石的科学将继续指导我们为我们的公司和客户提供建议，让他们做正确的事。

基于科学的简单性、问责制和透明度——这些强大的概念仍然是通往人才管理成功的最直接、最可靠的途径。我们希望你喜欢《团队黏性》，并像第一代读者一样，满怀热情地应用它。

前　言

2006 年初，当我们开始构建本书的基础方法时，我们尚未把设计人才管理设计框架纳入日程。我们彼时的关注点是非常实际的。一家价值 90 亿美元的消费品公司要求我们建立并实施一套新的人才管理方法，旨在为其扭亏为盈保驾护航。这家公司对这套实践方法的需求迫在眉睫，它的效果必须在短时间内得到证明。我们提供的内容并没有遵循人力资源和人才管理实践传统的内容和运作模式。我们有意识地摒除了任何额外的功能和复杂性，同时尝试为每个功能增添价值，以使我们的实践变得更为有效。

虽然我们相信这些更为简单的管理实践是可以产生更好的结果的，但是对这些方法进行早期、可靠的衡量仍然需要数月的时间。然而，就在 2007 年 5 月，《纽约客》的一篇专题文章让我们觉得自己的方向是正确的。这篇文章描述了"特征蠕变"的问题——为数码相机等电子设备增加数十种甚至数百种功能。文章指出，工程师们积极创造酷炫的但未必实用的技术，他们正给电子设备添加一些额外的功能。在产品链的另一端，是忍受功能疲劳痛苦的消费者。由于繁多的操作选择，他们对如何摆弄手中的设备感到完全摸不着头脑。一项对该主题的研究表明，当面对多种多样的产品时，消费者起初选择的往往是功能最丰富的相机。然而，在被要求使用所选择的相机时，他们很快就会变得沮丧，并最终选择一款设计更为简单的设备。简而言之，复杂性很容易被制造、营销和销售，但它其实并不奏效。

读罢那篇文章后，我们觉得其论述的内容可以完全媲美我们的设计方法。典型的人力资源实践中提供的无数选项如同一款复杂的相机功能——它们虽然酷，但是增加了边际价值并使整体体验变得复杂。我们不想设计一款典型的相机，我们所追求的是如何令它更易使用。去掉十个多余的功能但添加自动对焦功能，以便用户可以实现核心的目标，即拍摄出更好的照片。化繁为简，增添价值。

我们怎样达成目标

不论是这种设计方法还是这本书，都并非来源于令人眼花缭乱的灵光乍现，它们皆是经验的硕果。马克当年在南加州担任政治顾问时，采用了一种简单的方法，帮助小镇水务局、学校董事会和市议会候选人赢得选举。他所供职的咨询公司认为，候选人赢得选举无非是凭借于两个原因——高度的个人信任和高知名度。该公司认为候选人应该专注于让这两个因素实现最大化，并构建一种实现这一目标的咨询方法。

作为候选人顾问，马克会确切地告诉他们如何提高自己的个人信任和知名度，每一条指导都集中于对获胜有助益的若干强大的杠杆上。除此之外，他们还会学习了解自己竞选标志的尺寸、颜色和副本（91cm×125cm，白色背景上的蓝色字母，仅写着姓名和职务）并得到他们在与选民交谈时使用的确切剧本。马克把所有这些建议都写入他给候选人的一本 20 页的小册子中。

候选人禁止从事哪些活动？任何未被证明有效的东西，包括分发隔热垫、在电台里打广告以及举办或参加葡萄酒和奶酪派对。马克辅助的候选者的获胜率约为 80%。候选者们从他那里学到了两个明确的经验——简单工作的定义，避免分心。

继商学院毕业后，马克的职业生涯发生了变化。在接下来的 20 年里，他通过企业和咨询经验广泛接触了人才培养领域，洞悉了哪些方面是有效的，哪些是无效的。作为世界上最大的人力资源咨询公司之一——翰威特咨询公司（Hewitt Associates）的领导力咨询实践负责人，马克总结出人才实践在全球数百家组织中发挥作用的原因。并且，凭借自己于 2001 年创建的、迄今已持续三年多的"最具领导力公司研究"（Top Companies for Leaders Study），他最终从六百多家公司的数据中提炼出了使其源源不断培养出优秀人才的三个关键因素。其中之一便是：那些长久以来一直创造巨大收益、培养出优秀人才的公司并没有设置最精密或最复杂的人才流程。相反，他们所拥有的是适合自身文化的流程：相对简单，并且完美执行。

马克于 2005 年底开始与雅芳产品公司合作，那段时间之后该公司便开始扭亏为盈。他抓住时机，以一种全新的方式进行人才管理，同时运用自己所积累的全部经验，实现目标。米里亚姆·奥尔特（Miriam Ort）是马克人才管理团队中的一名经理，她在雅芳工作了五年，是一员老将。在雅芳努力扭亏为盈的前几年里，她看到的是一个现金充裕、吹嘘自己拥有两位数的增长，却囿于有限的继任人选而遗憾错过几次有吸引力的收购的组织。与此同时，该组织推出了一些新的人才实践做法，有些甚至获得最佳实践的好评。但不知何故，经过精心设计的、符合标准化的流程并没有转化为雅芳迫切需要的底线人才深度。这个教训突出表明了人们对易用的、以结果为导向的流程的需求，之后我们将这些流程纳入了我们的方法中。

在我们重新设计雅芳的人才实践策略时，我们的综合经验有助于我们对如何培养人才提出强有力的观点，并最终形成了一种结构化的方法和建设人才的理念，我们称为"一页纸人才管理（OPTM）"。

一页纸人才管理

OPTM与典型的企业人才发展流程截然不同。它的目标是直截了当的——以最简单、最易行的方式挖掘人才的深度并提升人才的质量。我们相信，要想实现这一目标，只有在经过验证的行为科学和所希冀的业务成果之间创建出一条最短的路线。本书详细介绍了如何通过从科学出发、化繁为简和为每个过程增添价值来做到这一点。此外，我们还阐述了如何通过使每个流程透明并确保问责制以实现其效果的最大化。

我们的方法并非一套最佳实践汇编，我们从不相信任何人才实践都有一个最好的版本。虽然我们在每章中都提供了一个 OPTM 启发过程的示例，但你可能会在遵循我们的设计流程的过程中获得完全不同的结果。我们建议，鉴于业务中存在的挑战、领导者和价值观的不同，你获得的结果也应该与我们提供的通用示例有所差别。

关于本书

我们相信成功的企业依赖于杰出的领导者，他们的成功对自身的社区和整个社会都会发挥着积极的影响。更成功的企业更具创新性，它可以创造更多的就业机会、更多的税收、更多的经济稳定性以及众多其他好处。当这些杰出的企业培养出了更多的杰出领导者时，就会形成一个良性循环。然而，目前的研究表明这种情况并没有发生。我们面对的是一个人才匮乏的现实，旨在培养出更多人才的流程还没有获得成果。我们建议的解决方案旨在重启并加快所有企业的人才增长速度。

⊙ 内容

本书涵盖了可以培养出成功人才的最强大且可重复的流程。我们会探讨人才盘点和人才的胜任力，因为它们是评估人才质量和深度的基础，并在有必要时推动变革。我们的内容还涉及绩效管理、360度反馈和敬业度，因为这些因素孕育了实现卓越经营业绩的高绩效领导者和组织。

我们以新人才管理网络（NTMN）年度人才管理报告的研究成果为指导。NTMN（www.newtmn.com）是一家由1600多名人才管理领导者构成的非营利组织。这一组织于2007年由马克创立，目前已成长为同类型中最大的组织。它的研究表明，各个企业对人才管理的定义主要包括我们上述所提到的这些实践。

NTMN发现，企业人才管理团队在管理领域中最常涉及的是旨在培养人才的常见流程，如继任计划和高潜力识别，而在团队干预和变革管理等实践中的参与率相对较低。人才管理部门中的人才招募占据了不到50％的时间，培训占大约40％。虽然我们无意介入有关人才管理的参数是作为一个职能还是领域这种具有高度争论性的问题，但我们有意识地选择聚焦以人才为导向的从业者集中资源优势的那些方面。

⊙ 我们的研究和实例

我们审阅了数百篇原创学术论文，以确保我们这部书完全以核心行为和组织科学为依据。当我们使用"核心科学"这个术语时，我们主要关注的是学术性的研究——经过同行评审的和已公开发表的。一些咨询公司和其他类型公司也进行了有趣和有益的研究，但学术研究的实证性和透明性为我们认为在制订人才管理决策时需要具备的信心提供了双保险。学术研究和咨询研究同时贯穿在整本书中，这样读者便可以判断出哪些资料来源对自己而言是最有效的。在本书的每一章中，我们都描述了某一门科学关于如何驱动行为所给出的观点，并阐释它是如何为每个 OPTM 的设计提供依据的。

虽然大多数企业仍在与复杂的官僚化人才流程做斗争，但我们很幸运地发现，也有其他一些企业至少在人才流程的若干部分中正使用一页纸的方法。你将在本书中读到关于美国运通、通用磨坊、百事公司、雅芳产品和国际商业机器公司等长青公司的案例。

我们还通过与该领域的一些经验丰富、备受尊重的人力资源高管、人才管理从业者和顾问进行访谈，深入了解人才管理的现状。这些人力资源高管包括美国运通的凯文·考克斯，雅芳产品公司的吕西安·阿尔齐亚利和可口可乐（印度）的P. V.拉马纳·穆尔西。每个人都在其组织中成功地引领了人才管理的变革。

人才管理从业者包括百事公司的艾伦·丘奇，移动通信咨询有限公司的玛丽·埃肯罗德，美国运通的瑞秋·李，国际商业机器公司的麦克·马克维茨，曾供职于美国银行的吉姆·尚利以及通用磨坊的凯文·威尔德。这些经验丰富且备受尊敬的从业者已经建立起了人才管理体系，一直在其所在组织的强劲业务表现中发挥着助推作用。

此外，还有Booz & Co的高级合伙人和组织变革专家德安妮·阿吉雷，她帮助我们在全球范围内获得了广阔的人才管理实践视角；领导美国咨商局研究实践的约翰·吉本斯；罗伯特·莱弗顿博士和他在美国心理学会的团队；以及N.S.拉詹，他是一位合伙人、人力资本和全球领导者、安永会计师事务所人力顾问兼印度人力资源开发网络的负责人。我们撷取了他们每个人不同的经验和智慧，一并汇总到了这本书中。

目 录
CONTENTS

第1章
OPTM 团队管理：唯有简单，才能高效

第2章
绩效策略：找到一招制敌的增长方法

第 3 章
360 度评估：盘点人才，是为了更好地调整队伍

第 4 章
聚焦靶心：领导者的首要任务，是搞定骨干

第 5 章
使命驱动：好管理就是激活团队能量

第 6 章
胜任力：如何识别高潜力员工

第 7 章
标准量化：可持续的人才复制模板

第 1 章

OPTM 团队管理：唯有简单，才能高效

一家备受尊敬的商业期刊最近发表了一篇文章，证明如果一位CEO为员工烘焙蛋糕并招待他们享用，这将会令员工的敬业度大幅度提升。两位CEO读了这篇文章后，相信了这种说法，于是承诺为自己的员工制作蛋糕。每个CEO都要求自己的人才管理高管设计一套流程，可以让自己制作出合适的蛋糕。

　　第一家公司的人力负责人对这个挑战倍感兴奋。他的方案设计目标是让CEO做出世界一流的蛋糕。首先，他对全球最佳企业的最佳蛋糕进行了标准测试，并向知名面包师咨询。在掌握了这些知识，学到关于蛋糕烘焙的一切事项后，他设计了一套详细的蛋糕制作方案。正确遵循这个方案，就会制作出一个五层蛋糕，上面层叠铺缀着由五颜六色的糖霜制成的花朵、装饰复杂的糖衣设计、巧克力喷泉以及带有进口的马达加斯加香草口味的浓郁奶油。

当这份方案完成后，这位负责人非常自豪，将一份足足有 73 页的指导手册、124 种原料以及 7 个平底锅交到了 CEO 的手中。

他告诉 CEO，按照这个方法，花费不到 100 小时的努力便可以做出举世无双的蛋糕。CEO 对这位才华横溢的领导者礼貌性地表示了谢意，但不知道怎么才能做出这个蛋糕。她也想做蛋糕，但她根本无法保证制作蛋糕所需的时间和精力。当她向人力负责人询问是否还有别的办法时，对方不停地重复说这是一个很棒的蛋糕制作方案——事实上，通用电气公司（GE）使用了一个非常相似的方案来制作自己的蛋糕。忙碌的 CEO 一直没能抽出时间制作蛋糕，而员工的敬业度因为没有蛋糕而不断下降，公司业绩持续下滑。

第二家公司的人才管理高管同样致力于实现这一目标。她知道 CEO 的意图很好，但缺乏蛋糕烘焙的专业知识，也没有时间去学习。她的目标是开发一种能够满足 CEO 目标的解决方案——让员工吃蛋糕并且变得更为敬业。她知道这个流程必须尽可能的简单易懂，这样才能便于忙碌的 CEO 使用。虽然这位负责人自己很擅长蛋糕烘焙，但她首先评估了制作美味蛋糕背后的科学，确保自己能正确地运用基础知识。通过研究，这位负责人得知只需要6种原料便可以制作出一个蛋糕，而且意识到这个过程可能比自己想象的还要容易。（在对第一家公司进行的标准管理访问中，她看到了其人力负责人提出的蛋糕方案，虽然她对繁复的装饰细节和蛋糕的奢华感到赞叹，但她并不认为这些内容可以支持核心目标。于是，她决定不在自己的蛋糕方案中添加那些额外的细节。）

最后她意识到，虽然她的基本配方简化了制作蛋糕所涉及的步骤，但她还可以为其增添更多的价值。于是，她将干燥的原料混合在一起，制成蛋糕混合物，大大减少了 CEO 在烘焙蛋糕上花费的时间和失误的可能性。她将两个鸡蛋、一罐糖霜、一个平底锅和仅有一页纸的说明书交给 CEO。她告诉他，通过使用简单的步骤和几种基本原料，在一个小时之内就能做出可以让员工享用的美味蛋糕。CEO 明白自己不费吹灰之力就能够款待员工吃蛋糕，令员工们、自己和人力负责人都皆大欢喜。人才领导者获得了 CEO 的重视，她被邀请坐在桌前分享蛋糕。

这个故事是不是听起来有点愚蠢？我们可以将"制作蛋糕"替换为"绩效管理"或"继任计划"。你的组织是否与第一家公司相似，虽然拥有完美的学术性人才建设流程，但这些流程既不实用也从未被使用？或者你是否更接近第二家公司，通过精益、易用、保证取得成果的流程培养人才？

麦肯锡公司、波士顿咨询公司和德勤公司最近的研究表明，前一种情况是很多组织面临的现状。他们的研究证实，组织对自己培养人才的能力并不满意，而且随着人才方面的需求变得更加迫切，组织变得越来越沮丧。在他们的围墙之外，他们看到的是一个充满竞争的环境，要想获胜就需要高素质的人才。而在墙内，他们所见的是虽然在人才建设上投入了数百万的金钱但收效甚微的现实。业务部门的高管指责人力资源团队没有为其输送更好的领导者，而人力资源部门则说这些高管们只会纸上谈兵，却不提供必要的资源或承诺。

虽然目前的情形颇具挑战性，但它也显得有些吊诡，尤其是在基于这样一个关键事实的前提下：我们对培养优秀人才所需的几乎所有因素已经了如指掌。积淀了六十年的、高质量的行为和工业／组织心理学研究可以帮助我们了解公司和员工如何实现最佳的团结协作。我们明白将工作经验、辅导和正式培训相结合是人才建设的最佳选择。我们知道哪些人才实践被证明是行之有效的。简言之，我们已经拥有在组织中培养人才所需的几乎所有答案。

然而，我们所拥有的关于如何培养人才的知识与我们实际的培养能力之间似乎存在差距。这颇令人费解，因为大多数企业都设有人力资源部门，许多大公司都有专门的人才管理或专注于这项任务的领导力发展小组。因此，如果我们的组织想要培养人才，他们知道如何行事而且也拥有完成目标所需的资源，在这种前提下到底是哪方面没有奏效呢？更重要的是，我们该如何解决这个问题？

人才建设的四大障碍

鉴于我们的企业和咨询经验，我们发现了组织为自己设置的四个人才建设障碍，它们经常成为发展道路上的绊脚石。这些障碍解释了为什么业务部门高管的劝告和人力资源部门人才建设的行动并没有转化为人才素质和深度的提升。

创造不必要的复杂性

人们也许不明白部门经理为何会让流程变得如此复杂。像设定目标这样简单的流程通常会变成厚厚的文书、令人头痛的活动，给提高组织绩效带来巨大障碍。

组织的错误在于他们在构建流程时无法对复杂性和价值做出平衡。这并不是说叠加流程上的额外组成部分是技术上的错误。许多人在添加这些部分时是以行为科学为依据的。但是，随着每个附加元素的增加，权衡它对整个流程带来的复杂性及其对原始业务目标的影响是至关重要的。

没有增添新的价值

人才管理工具的设计无法帮助管理者做出更明智的决策或更轻松地完成工作。管理人员通常需要参加培训课程，以便学习如何使用人才工具或流程，或者必须依靠他们的人力资源经理或其他专家来获得帮助。当一名管理人员收到敬业度调查报告时，他能否快速了解他应该做出的商业选择？人才盘点流程可以将最优秀的人才与其他人才区分开来，但管理者是否知道该如何有效地使用这些信息？在许多组织中，管理人员已经开始注意到人才管理工具和流程在很大程度上与他们的日常管理挑战是脱节的。

忽视科学

正如我们之前提到的，人力资源和人才管理可以依托丰富的学术研究做出正确的决策。基本的行为科学为过去50年的工业／组织心理学研究提供了基础，它们也影响了现代化的实践——从360度反馈到实施绩效评估。

如果企业忠实地遵循这一科学，他们会发现科学的效果是名副其实的。他们的人才实践会像研究所表明的那样有效。如果他们不理解或选择忽视科学，公司将用偏见和假设来构建人才实践，并困惑于为什么他们的人才问题无法解决。

缺乏透明度和问责制

很少有管理者喜欢与员工进行艰难的对话。对低于绩效标准的反馈或解释职业目标无法实现的原因会让大多数管理者心跳加速。然而，诸如此类的透明对话会带来更高的绩效。不幸的是，在太多的企业中，出于对后果的担忧或者对员工不需要这种清晰度的笃信意味着人才实践是不透明的。

同样可以理解的是，管理者通常会优先考虑能为其业务带来更直接利益的活动，而将辅导、绩效反馈和创建人才建设方案置于其次。然而，这些人才实践仍然很重要，而且大多数组织并不会让管理者对执行这些实践负责。

设计一种新方法

2005年末，我们的头脑被一种想法占据，那就是要找到应对这些挑战的方法。马克刚刚被一家价值90亿美元的消费品包装公司任命为人才管理副总裁，而米里亚姆成为他团队里的一名经理。该公司已经开启了重大的重组过程，他们一方面需要优秀的人才来实现目标，另一方面需要强大的人才流程对目标进行保障。该组织当时没有采用合适的人才流程，不幸的是，他们的做法与第一家公司相似。我们的目标是进行根本性的变革，使公司能够快速、轻松地识别其手里的人才，以最有效的方式进行人才部署，并迅速培养关键能力。另外，我们必须在不到一年的时间里构建、实施这些流程并展示出富有意义的成果，为业务上的扭亏为盈保驾护航。

我们坐在位于纽约市的办公室的会议桌旁，在一张白纸上开始解决我们的任务。我们知道自己在为绩效管理、人才盘点和其他人才实践规划的流程中拥有很高的自由度。我们也知道这些做法的有效性方面存在着令人沮丧的研究。我们意识到必须找到更好的方法。

关于为什么人才实践会在组织中取得成功的相关研究寥寥无几，于是我们思索自己所知道的那些真实的因素。我们的结论是：科学奏效了。我们知道，正是得益于大量的行为和工业／组织心理学家，如何改变领导者的行为、发展他们的技能、使他们与业务保持一致，并实现几乎其他任何期望的组织结果才得以变得众人皆知。尽管该研究仍需要一些转化才能变为实际的流程设计，但大部分的基础条件已经具备了。

只有实施才有意义。我们的经验（以及一点常识）告诉我们，无论设计得多么巧妙，人才实践只有在应用时才能发挥效力。不幸的是，我们已经看到许多企业的人才实践是官僚的、复杂且耗时的，因此，管理者们要么将它们束之高阁，要么在实施流程时敷衍塞责。

管理者们想获得成功。部门经理都为自己设立了具有挑战性的目标，并且大多数人对能够帮助他们取得成功的人才工具或流程是持欢迎态度的。根据我们的企业和咨询经验，世界各地的部门经理都认为从人才评估到360度反馈，这些传统的人才实践似乎都是为了让人力资源部门受益，而不是旨在帮助普通的管理者。

透明度和问责制保证结果。我们都了解当流程不透明时，组织中会产生噪声。消除这种噪声会使这些流程变得更加合理并且可能得到应用。我们还了解到，一些管理人员绝不会将人才提升到议程的首位。对这些人，以及其他健忘的人而言，人才成果是需要问责的。

我们相信，如果我们利用这些事实来塑造我们的人才实践，那么结果至少会比传统的人才流程更有效，而且我们希望会有效得多。

我们的设计流程以确定业务最紧迫的人才目标为出发点。首先，我们需要了解组织中人才的质量和深度，以确保我们能够做出正确的人才选择和投入决策。其次，我们需要组织中的每个人都在能够扭转业务的几个重要目标和行为上保持一致。这种一致性将加速实现这些目标的进程。最后，我们需要将敬业度提升到最高水平，以最大限度地提高每个员工的绩效。

我们忠实地应用这四个事实来设计我们的解决方案。鉴于我们知道科学是有效的，我们研究了核心科学在推动个人和公司绩效方面发挥的作用，而不是人力资源实践的典型设计方式；我们知道只有实施才是重要的，因此我们从现有流程中摒除复杂性，并建立了新的流程，从而平衡了复杂性和相应的价值；我们一直关注的是最持怀疑态度的管理者是否会发现这个流程在使用时足够简单且有价值；我们知道透明度和问责制可以保证结果，因此我们将这些要素纳入了每项实践中。

当我们完成流程设计时，即使是我们自己都对结果感到惊讶。在将研究准确地转化为实践之后，我们获得的是从科学到有效执行的最简单的捷径。之前在管理人员心目中高强度的、官僚的、耗时的实践方法已经简化为仅有一页的、直观的商业工具。例如，当我们将这种方法应用于我们的绩效管理流程时，结果就是一张简单的单页表格，管理者很快就采用了。在每一种实践方法中，那些无法证明其对管理者的整体价值是合理的复杂因素都被摒除了。

这样，不仅复杂性消失了，价值也得到了增加。我们现在可以将复杂的人力资源数据转化为为管理人员提供的宝贵见解。我们可以确切地告诉他们哪些行动会提升其团队的敬业度以及可以提升多少。我们可以重点展示他们要改变的最重要的行为，同时避免出现通常情况下对360度反馈的抗拒。

我们找到了将行为科学的理论力量转化为实际结果的方法。

专注于业务目标：创造明确的、激励性的目标

当我们想要设定和传达使绩效最大化的目标时，我们研究分析了目标设定的学术研究，而不是绩效管理的最佳实践。在研究中，我们发现了与设定激励目标相关的四个关键概念——目标应该是极具挑战性的、关乎员工的切身利益、数量极少且明确具体。除了这些发现之外，我们还发现了一些研究，可以用来反驳传统的目标设定理念，包括参与目标设定可以提高绩效，以及一种量表优于另一种等（我们在第二章中会加以详述）。

在我们的目标设定设计中，我们只选择了那些被证明是有效的元素，刨除了没有明确科学作为依据的所有内容。得到的结果便是应用于绩效管理过程的OPTM模型。我们最终的目标设定表格列出的目标不超过四个，从而使员工专注于那些最重要的目标。由于没有科学表明还需要其他任何内容，因此我们的每个目标只包括两栏——目标和指标。仅有一页纸的说明书解释了如何编写具有挑战性并关乎员工切身利益的目标。

这个新流程带来了两个好处。预期的好处是目标设定的参与度从大约30％上升到90％以上。意想不到的好处是，管理者们现在明白我们关心的是他们的最大利益，这得以让我们可以继续推进人才管理的转型工作。

长期绩效结果

现在，是时候提出这种非传统的方法是否真正带来业绩的问题了。现在也是简要分享我们对人才指标的看法的好时机，正如你现在可能怀疑的那样，它与传统观点有所不同。我们是对人才成果进行量化衡量和利用数据做出人才决策的忠实粉丝。但是，我们认为长期的业务绩效是最佳的整体人才指标。其他人才指标是流程绩效的有趣的中间标准，它们虽然有助于衡量进展，但并不能衡量出许多股东和高管关心的唯一人才结果。

长期绩效同样是一个很好的指标，因为如果你相信研究所表明的更好的领导者会实现更好的业绩——那么随着时间的推移，更好的人才实践可以输送更好的领导者，从而实现更好的业绩。顶级公司领导力研究和一些学术研究都为此提供了充分的证据。简而言之，如果人才管理运作良好，公司更有可能取得成功。我们也认识到，虽然人才至关重要，但企业绩效会受到其他数百个变量的影响。如果人才实践和具体的业务成果之间存在线性关系，那自然很好，但事实并非如此。

就我们在所在企业中进行的人才管理工作而言，我们的企业绩效指标以及流程绩效的定量和定性指标是拿得出手的。在我们实施 OPTM 流程后的三年内，我们的组织将管理费用减少近 4%，收入增加了 20% 以上，利润率提高近 50%，并且经常被媒体称赞为经营良好的组织。这些成果当然是强有力的，因为这些成果是在继大萧条之后所遭遇的最严重的经济危机期间实现的，所以就更加难能可贵。

在流程层面，我们致力于提升敬业度、人才盘点的力量以及绩效管理的有效性等。敬业度提升了 20%（管理人员为 30%），超过 90% 的员工进行了绩效讨论，而以前不到 30%。尽管在关键职位上的"已就绪的"继任人数已经增加了 25%，我们依然每年积极地提高人才质量标准。我们利用辅导改变行为的成功率从远低于 50% 提高到 90% 以上。更多类似的成果不胜枚举。

奇怪的是，定性指标实际上似乎比定量指标更强大。总经理们感谢我们制定了新的绩效管理流程。这当然是我们在职业生涯中第一次听到这种称赞！高管团队称赞人才评估流程是公司历史上最有效的流程，并表示得益于这个流程，他们以更快的速度制定出了更好的人力决策。敬业度被纳入了公司的文化。有更多合格的总经理可以担任关键职务。我们让大量不再适合岗位的人才离开了组织。总体而言，这些指标似乎比任何定量指标更能衡量成功。

我们是否可以声称，与人才相关的一切运行良好的方面都是得益于我们的流程呢？当然不是。如果没有新高管团队成员的影响，调整后的薪酬结构以及可能对人才成果产生影响的所有其他变量，这些都是不可能实现的。尽管如此，在四年结束时，我们可以坦然地宣称我们的方法比典型的人才流程更有效，并且很可能有效得多。

简化的额外好处

◎ 一切会变得更好

一页纸人才管理实践可以更快地培养出更优秀的领导者，如果这一点并不足以让你相信这种方法的话，那么还有其他一些好处值得考虑。

部门管理者可以节省一周的时间。如果你改变了人才实践，与管理人员目前在人才实践方面花费的时间相比，他们每年至少节省了 40 个小时。过去每个员工需要花费一个小时的流程现在只需 15 分钟便可完成。

◎ 设计过程更快

创建更简单的流程所需的时间也更短，这是理所当然的。设计和实施人才实践只需要数周的时间，而不是数月之久。更快的设计周期意味着你即将开启培养更优秀领导者的征程，甚至可以更快地开始。这也意味着你可以更快地获得反馈、了解有关设计的哪些部分需要调整、快速进行改动以及在创纪录的时间内重新发布新的流程。

◎ 流程设计成本更低

复杂性降低的流程不需要像许多基准测试访问那样耗费很多的咨询时间，或花费与传统设计流程相关的其他费用。鉴于你在设计和实施更多传统人才实践上可能要花费 5 万到 50 万美元，OPTM 开始变得更有吸引力。

◎ 人力资源部门有更多的权限

简单有效的流程可以迅速赢得经理和高管们的忠诚度。

如果你的上一次推荐被证明是有效的，他们将更容易接受你的下一次推荐。

一页纸人才管理

在着手实施这些实践后不久，我们被邀请与一家领先的人力资源部门交流我们公司正在推行的人才管理变革。出于构想一个精妙的演讲题目的需要，我们创造了"一页纸人才管理"这个讲法。我们现在使用这个术语来定义将行为科学、简单性、问责制和透明度进行整合，融入加速人才发展的实践。

正如我们在前言中所提到的，一页纸人才管理的含义既意味着本身字面上的意思，也包含有比喻的意义。作为一个整合概念，它代表着增添价值并摒弃人才实践的复杂性。在最实际的层面上，它为用于创建这些实践的设计规则和用于评估其设计的指标提供了建议。我们并不奢求每项人才实践的关键形式或流程都可以减少到一页，但我们相信这一愿望会推动一种全新的流程设计思维方式。最重要的是，我们认为一页纸人才管理是一种更胜一筹的方法，它可以以更快的速度培养出更优秀的领导者。

自从我们在雅芳采用这种新方法以来，我们已经向全球成千上万的人力资源领导者们推介了这一概念，帮助其他企业开发自己的 OPTM 流程，并从设计、实施和评估的整个周期中汲取经验。通过这些经验，我们完善了设计流程，使你能够在组织中成功地实施 OPTM。

在接下来的六章中，我们将描述为每项人才实践奠定基石的基础科学，以及如何依托科学设计出可以发挥效果的简单的增值流程。我们还会就如何克服异议给出策略，例如，可能从人力资源同行、顾问、学者及其他人那里听到的对公司如何发展人才的不同看法。让我们开始吧。

OPTM 设计步骤

基于我们之前描述的四个事实，我们为设计 OPTM 流程创建了一个简单的三步流程。

第一步：以科学为出发点。

第二步：化繁为简，增添价值。

第三步：建立透明度和问责制。

第一步：以科学为出发点

过去 50 年中发表的数千篇文章向我们揭示了人和组织的行为原因。从提高员工满意度到建立有效的团队，我们在很大程度上懂得运用哪些杠杆可以施加推力或拉力以获得最佳结果。鉴于科学所提供的正确答案唾手可得，它也似乎是创建人才实践的合理起点。

OPTM 设计流程的第一步是了解你的业务目标，以及核心行为和组织科学如何帮助公司实现这些目标。例如，如果业务目标是增加中国区的销售额，那么要这样设问，哪些杠杆会促进目标的完成？更多的激励目标吗？科学对让目标变得具有激励性这一点是如何解释的？是增加承诺吗？那么承诺意味着什么呢？它最重要的驱动因素是什么？通过在力度更小的级别上诊断潜在问题，将能够更好地将核心科学应用为解决方案。

这个过程可能看起来非常基础，但通常是人力资源部门容易失误的地方。当被要求解决业务问题时，人力部门通常会将人力资源规划作为答案——更好的绩效管理或更多的培训。思考如何应用核心科学来解决潜在的业务问题将是迈出成功的 OPTM 设计的第一步。为了帮助读者做到以科学为出发点，我们总结了适用于每项人才实践的关键研究成果。在每一章中，我们都对已得到最确凿的证明，且对流程设计影响最大的研究发现进行了归纳。我们会着重指出研究人员们在哪些重要观点上存在分歧，以及哪些是被强烈支持的少数观点。我们的摘要无法对原始文章中的信息进行完整的论述，因此如果你对某些内容怀有疑问，我们建议你深入挖掘分析原始材料。

第二步：化繁为简，增添价值

鉴于人才实践只有在实施后才能发挥作用，因此确保其成功实施必须成为首要目标。通过化繁为简和增添价值，我们有助于说服管理者，让他们明白这些简单易用的实践将有助于他们更为轻松地进行管理。虽然二者基于不同的事实，但我们在第二步中将化繁为简和增添价值进行了合并，因为它们在实际设计过程中是同时发生的。

步骤二的关键是创建出一个流程，使管理者在流程中体验到的复杂性与他们从中获得的价值保持平衡。OPTM 流程使用价值－复杂性曲线（见图 1-1）来帮助你在流程设计中

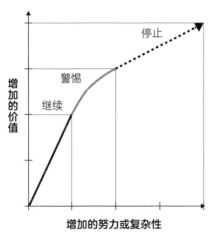

图 1-1　价值－复杂性曲线

保持这种平衡。这是一种有益的方法，不仅可以确保化繁为简，还可以为管理者找到提升流程价值的方法。

化繁为简。从一张白纸上开始启动设计流程，并暂且试着将你以前听到的所谓解决人才挑战的正确方法搁置一旁，专注于业务目标的解决。我们发现最有效的设计流程在于朝着既定目标迈出小而渐进的步伐，同时权衡每一步中的价值－复杂性的利弊。例如，如果你的目标是通过创造更多激励目标来增加在中国的销售额，你需要自忖：目标设定过程的哪些元素会增添价值而不是复杂性？如果你的回答是"每位管理者都可以把他们的目标告知给团队"，这种做法既忠实了科学，也能增加更多的价值而不是复杂性。接下来，你可以在与复杂性保持平衡的同时寻找能够增加更多价值的其他步骤。也许管理者可以为以科学支撑的每个目标设定一个明确的指标，并且在与第一步结合时，可以增加更多的价值而不是更多的复杂性。

尽管这看起来很迂腐，但以这种方式向前推进可以保证为每个元素和组合元素权衡价值－复杂性的利弊。你应该继续推进直到开始看到价值－复杂性的关系开始齐平，此时你要对添加新的元素变得更加警惕。添加单个目标权重会增加更多的价值而不是更多的复杂性吗？或许不会。将胜任力纳入目标会对结果产生重大影响吗？不会。添加那些能够强化重要行为的东西呢？会的。当你到达添加额外元素不会再增加更多的价值，而是增加更多的复杂性这个点时，这个步骤就完成了。在这个过程中，你会发现自己抛弃了大量传统人才实践中包括的元素并为此感到惊讶。表面看起来会增添价值的元素往往无法证明自己在整个过程中充当了增量价值。

迭代，而非尽善尽美

虽然在首次尝试时就渴望设计出一个完美的流程可谓一个很棒的目标，但这个想法是完全不现实的。我们支持输入、设计、测试和重复的迭代过程，你可以在这个过程中推出新的实践，并透明地传达出你将随时收集用户反馈并对其进行修改以满足用户需求的意图。这里的关键在于，改动应该是对流程进行微调，而不是每年都推出新的设计。这些改动也应该足够有意义，以通过价值－复杂性测试：这个改动是否可以增加足够的价值来证明新的标签或量表等是合理的？这意味着首次尝试的水平依然要高，但是不要因为它还不够完美就迟迟不推出新的实践。

虽然你可能希望每个设计流程都能自然地寻求价值－复杂性的平衡，但我们的经验是，那些通常被认为是正确的方式往往向复杂性倾斜。即使复杂性在学术上被证明可以增添价值，但挑战在于要能证明它所增加的价值足够多，从而印证其带来的额外复杂性是合理的。

化繁为简的另一个建议是使用所需的最少量信息做出正确的决策。360度调查或敬业度调查问卷需要提出多少问题才能提供足够的信息来做出正确的决定？需要具备多少种胜任力才能使管理者与组织的目标和价值观保持一致？确保用于创建流程的标准与发表学术论文的标准要有所区分。你需要足够的信息才能确信自己对数据进行了正确的处理，但也仅限于此。

增添价值。如果对人才流程中化繁为简有助于确保管理者使用该流程，那么增添价值的意义在于有助于确保管理者以正确的方式使用流程。在完成每个设计步骤时，你应该尝试为每个部分增添价值。增添价值意味着使流程更易于使用、为管理者预先分析数据或者将他们的行动选择范围缩小到正确的少数选择上。你能否为管理人员分析自我评估的数据，避免他们可能用其他方式进行解读？你是否可以缩小管理人员的行事选择范围，事先排除明显糟糕的选择？有更多机会可以为数据密集型流程，或者需要管理者进行解读的流程，如敬业度调查增添价值。

美国运通：用一页纸应对充满挑战的时代

随着经济危机在 2008 年末趋向恶化，金融服务企业不得不对人才管理上的每一笔细小的花费进行重新评估。美国运通公司对人力资源团队提出要求，延续公司的传统，对在资源受限环境中的敬业度给予持续的强烈关注。人力资源部门给出的回应是一个 OPTM 式的真实模型。

人力资源执行副总裁凯文·考克斯让其团队重新关注此前敬业度调查所服务的核心业务目标，以甄别和解决潜在的员工问题。该团队知道调查是实现这一目标的一种方式，但并不是唯一的方式。美国运通的人才发展领导者挑战自己寻找最简单（也是最便宜）的方式来甄别和解决员工问题。

他们的解决方案——员工满意度流程——通过设置情报站（例如越级会议、焦点小组、问卷调查）以确定关键问题；通过建立业务部门－人力资源合作伙伴关系以了解问题的根本原因；利用领导问责制以实施解决方案。在2008 年至 2009 年，新流程实现了一系列成功，例如，它帮助管理人员提高了新的关系管理模式的成功率，提高了一线管理者实现人才采集的能力，并掌握了董事们变革的能力。

根据负责创建员工满意度流程的人才发展和组织能力副总裁瑞秋·李的说法，"我们的工作是深入了解变革，进行检查，迅速获得领导者的调查结果并让他们据此行动。"领导看到的是什么？一页纸的调查数据摘要，以及标有前进的起点、停止和继续的模型。

第三步：创建透明度和问责制

虽然简单性和增添价值可以创造出快速、有效且易于使用的人才系统，但增加透明度和问责制将使系统的能量增加五倍。

透明度。我们将透明度定义为关于流程及其结果共享的信息量，以及与谁共享该信息。为了使任何人才流程真正发挥效力，我们建议将近乎百分百的透明度作为起点。透明度的实际行动包括告知领导者关于绩效和潜力的讨论结果、公开分享 360 度反馈结果、告知其具备高潜力的状态以及其他令许多人力资源和业务领导陷入恐慌的行动。

提升透明度的论点是势不可当的，反对它的论点往往基于一种非理性的恐惧。美国运通瑞秋·李的话从侧面印证了这一点，"为什么要求财务上的完全透明就是件好事，但在人力方面的同样要求就不是呢？"（有关透明度行动的几个示例请参见表 1-1。）

表 1-1 透明度行动示例

告知高潜力者他们具备高潜力

出于恐惧不愿保持透明的原因	应该保持透明的原因
如果他们知道自己如此优秀就会离开，把他们蒙在鼓里会更安全。	知道自己具有很高的潜力将会冲昏他们的头脑并滋生出一种权利感。潜力的标准是有时限的；如果他们的潜力状态发生了改变怎么办？
如果对某些领导者采取有差别的对待方式，其他人都会感到气馁。这会摧毁士气。	如果你不告诉他们自己的潜力很大，那么猎头公司会很乐意告诉他们，他们的下一家公司也会乐意像对待高潜力人才一样优待他们。此外，他们其实已经知道了（他们想知道你为什么还没有告诉他们！）。

只要清晰地向高潜力者表明高潜力并非一个永久的状态，他们就会明白这是他们需要持续获取的能力。如果他们不再具有高潜力，那么也最好告诉他们，而不是让他们注意到自己的职业发展轨迹放缓时徒留沮丧。

只要你准确地识别出高潜力者，他们的同事会在正式任命下达之前就已经意识到这些人的能力。如果他们被公平地对待，也不会因为其他人被视为具有高潜力而感到不快。那些自认为很有潜力但其实是高估了自己的人是不会感到开心的。当他们还有机会重新思考时，让他们对自身有一个正确的认识是更明智的做法。

透明度可以增强 OPTM。假设你已经为 360 度评估流程开发了一个 OPTM 版本，既简单又增加了价值。得益于这个新流程，现在参与新的 360 度评估既快速又轻松，并且得出的报告重点突出、易于理解。在这样的情况下，你的总经理就会采纳 360 度评估，因为它提供了有用的见解。

到了年底，一个总经理的职位出现了空缺，你正在考虑两个候选人。这是一个敏感的职位，你需要一个能够迅速与当地员工打成一片，在短期内做出重大改变并能应对各种其他挑战的人。这时，你是否想拿到一份关于候选人的全面、可靠的报告？在这种情况下，如果透明度存在，你将有权查看该报告，与这位总经理未来的老板讨论结果，并基于事实做出决策。而此时缺乏透明度可能会犯下非常昂贵的错误。

我们知道即使在拥有强大人才实践的组织中透明度也是难以实现的。我的一位同行供职于一家备受尊崇的公司，他最近向我们谈起了该公司为高潜力者举办的会议。在该会议的邀请名单，有些管理者是显而易见的高潜力者，而有些明显是出于政治原因而被邀请。为了确保不会有人被名单误导，该公司还保留了一份单独的"影子"清单，上面仅列出那些真正具备高潜力的管理者。

问责制。在理想的世界中，简单易用的 OPTM 流程足以说服管理人员进行人才评估、提供绩效反馈并按时完成培养计划。实际上，忙碌的管理人员或许并不是总能抽出时间或愿意完成这些任务。问责制是确保 OPTM 的巨大潜力不被浪费的必要因素。虽然对结果问责在大多数人才培养实践中都是缺失的，但增加这一点是非常简单的。你可以利用同侪压力、企业文化、薪酬和许多其他杠杆来强化培养人才的责任。

让我们在前面讨论的 360 度示例中加入问责制。我们现在掌握着有用的行为数据，它可以帮助我们做出更明智的人才决策，但如何利用这些信息并改进员工的行为呢？一种措施是让部门管理者负责跟进员工，以确定他将依据结果而做出改变的一种行为。我们可以要求这一行为成为员工一页纸培养计划的一部分。首席执行官或企业的负责人将分配责任，人力资源部门将对其进行检查。

你或许认为问责制只能通过现金承诺或扣留现金来实现。金钱当然可以帮助集中注意力，但在每个目标的财务影响相对毫无意义之前，可以与货币奖励挂钩的目标只有那么几个。还有许多其他方法可以让领导者对行动和行为负责。我们将在后续的每一章中更详细地讨论这些内容（有关问责制的几个示例请参阅表1-2）。

表1-2　问责制行动示例

问责制行动	示例
员工驱动向上	告诉员工他们的主管有责任在某个特定日期以某种方式（例如与每个员工单独会面）完成一项行动（例如制订培养计划）。让员工知道如果该行动没有发生，他们应该向他们的主管询问，如果主管的回复不能令人满意就向本机构的人力资源负责人询问。
姓名和耻辱	你还没有按时完成绩效评估？ 首先提醒他们的部门主管，随后是下一级别的最高主管。如果没有得到回复，就在员工会议中公布名单，或在内部网或组织中的其他公共场所发布犯错者名单。
创造竞争氛围	对于整个组织中常见的任何指标（例如敬业度调查得分），按部门主管列出指标并从上到下进行排名。广泛公布成绩。
纳入绩效目标评测	要想让事情完成，就要进行评测。几乎所有人才管理活动都可以被跟踪和评测。确定哪些人才成果是最重要的，并将定量测量成绩纳入管理人员的绩效目标中。

我们对问责制和透明度的讨论不应该动摇你对 OPTM 的核心信念——管理者对他们的人才本身负有责任，并且不应该在该领域索取额外的动力。我们认为，管理者的两个主要职责是实现业务成果和培养人才。他们负责对员工进行赞赏和纠偏、积极地培养他们并做出关于谁必须离开组织的艰难决定。他们有责任让员工了解自己的表现和晋升的潜力。任何透明度的缺失都会使员工丧失对自己的职业生涯有效地负责和进行管理的能力。而任何管理者都无权替代他们。

OPTM 的根本信念

我们相信，如果遵循 OPTM 的设计原则，你将拥有更简单、更有价值且更有可能实现业务目标的流程设计。我们在接下来的章节会提出一些设计决策，它们受到两个关于人才有效建设的根本信念的影响：差异化至关重要以及进步产生于经验。这些信念对许多流程都发挥着作用，并为你在设计过程中遇到的众多选择点提供理念上的指导。

差异化至关重要

差异化是成功人才管理的基本要素，支持这个论点容易，但坚持却很难。人才管理的核心是了解人才需求，并适当进行投入以实现这些需求。通过根据对组织当前和潜在的未来价值将员工进行区分，进行投入的方向会变得一目了然。如果你不愿意区分员工以做出艰难的决策——那么，要么你选择盲目投入却奢望得到正确的结果，要么你是有意地进行永远不会得到回报的投入。这两种选择都无法让你成为公司资源的好管家。

我们认为，差异化始于我们在第四章中描述的人才评估流程。此流程可以让你全面了解公司的领导力——哪些人才是深层次、高质量的，哪些人需要更多关注。这是关键的一步，但不是差异化。只有当你有意识地投入更多资源来培养一部分领导者而不是其他领导者，并相信这样做将为公司未来带来更高的收益时，差异化才会发生。

有些人害怕差异化，因为他们认为这会产生小团体，或者某些人群会受到不公平对待。恰恰相反，如果没有差异化，就谈不上公平地对待任何人，因为公平意味着行动和反应之间存在一种适当的平衡。善于管理人才的公司始于一种理念，即每个人都应该高度敬业，并拥有平等的职业生涯。在该基准得以满足后，公司会有选择地投资人才，以实现最佳的业绩。那些最有可能为公司带来最大价值的人会获得更大的投资。这没有什么不公平的。

当有人说一种制度不公平时，通常意指这个制度是不平等的。你会听到这种担忧表达为"重视 B 级员工"或"我们需要那些每天出现在岗位并工作八个小时的人"。这意味着那些贡献水平低于最佳表现者的人将不会受到重视。我们相信，如果这些员工得到的对待是公平的，他们将从他们的公司争取到确切的价值。他们不会得到高潜力员工所获得的东西，但由于他们将来做出的贡献可能不会像高潜力员工那么多，给予他们这些奖励本来就是不公平的（我们将在第四章进一步讨论这个问题）。其他认为差异化是不公平的人只是抱有这样一种世界观，即平等待遇总是比不平等待遇更好。对于某些人来说，这可能是乌托邦的愿景，但对于竞争激烈的公司来说，这是一种诅咒。

在本书中，我们提供了有关如何有效区分人才和对人才投入的指导。你将了解绩效和潜力矩阵、简单绩效管理和OPTM胜任力矩阵，同时了解透明度和问责制的指导原则如何确保差异化得以正确实施。

进步产生于经验

如果你在工作中学到的东西多于在培训课程中学到的东西，那么你可能会认为这是违反直觉的。毕竟，培训计划、高管教育以及那些大学校园时光不都是为了更好地完成工作吗？70-20-10 原则表明，大多数进步源自工作和生活中的经验。在 70-20-10 等式中，经验占了 70%。你通过观察、获得指导、看别人工作等方式学到的东西占学习的 20%。你在教室里度过的时间约占你所收学内容的 10%。

这种信念背后的科学并不像我们用来支持其他观点的那般强大，70-20-10 是一个从业者和咨询框架，而不是学术框架。尽管有成人学习方面的书籍提及了 70-20-10，但我们尚未找到专门测试它的研究机构。因此，虽然确切的百分比并不是一个事实，但这个想法依赖于合理的研究。高级人力资源领导者们倾向于得出这样的结论，认为这个想法与他们的观察是一致的。美国运通公司的凯文·考克斯说："派人去学习看起来不错，令人感觉很好，但很少会导致行为发生改变。"根据我们的经验，这种比例分配对我们来说是正确的，它在很大程度上指导了我们的培养方法。

克服异议

在这一点上，我们希望你将 OPTM 视为长期存在的人才建设困境中的潜在解决方案。但是，你或许对自己从团队、管理人员或人力资源领导者那里听到的问题和异议感到担忧。我们也对其中一些有所耳闻，因此我们希望提前为你提供一些答案（在每一章中，我们将讨论你会听到的有关改变特定人才实践的质疑和异议）。

OPTM 没有提供足够的信息。管理者们需要更详细的流程和工具，以确保他们正确地执行人才管理流程。

·管理人员需要的是结构，通过使结构简单易懂，我们的方法提供了比传统人才管理流程更有效的结构。研究和实践应就他们真正需要的细节进行指导，没有研究表明厚重的使用说明书更有效。

·我们可以在人才流程中融入许多不同的设计元素。然而，由于简单性是实施的关键，只有成功实施的流程才能发挥作用，因此，必须始终保持复杂性或易用性与价值之间的平衡。

·我们需要将人才管理流程的成功重新定义为取得成绩，而不是管理者是否正确完成比拼耐力的流程长跑。

·如果一项流程是以一种简单的增值方式设计的，那么应该只需要很少的指令。

·蛋糕很容易制作。

OPTM 只是一种格式化练习。它听起来只不过是重新格式化。如果我们减小字体并缩减当前表格上的边距，那么使用一页纸的表格并不困难。

OPTM 并不是噱头。它是一种理念和一种培养人才的方法，专注于减少管理人员所需的工作，为他们提供严格决策的指导，以及更快地培养优秀人才。如果做得好，我们通常能够将该流程或信息缩减在一页纸上（或偶尔两页）。

OPTM 不会奏效。它违背了我之前学到的有关如何设计人力资源流程的所有内容。

·我们依据的是和你所学相同的科学，我们只不过找到了更简单的应用方式。即使我们的一些建议对你来说感到很陌生，也都是基于经过充分验证的学术研究。何不尝试一下，看看它是否有效？如果没有，你可以随时回归当下的做法。

·即使它没有奏效（但肯定会奏效的），你的管理者会对你试图让他们的生活更轻松感到印象深刻。

但我们刚刚完成了这个流程的设计！我刚刚在一家咨询公司花费了 50 万美元来设计世界上最好的绩效管理系统。如果我扔掉它人们会怎么看我？

·在推出传统的且成功率往往很低的流程之前，让我们看看我们的方法如何能吸收你的好想法并使其更加出色。如果管理人员喜欢新的流程，并相信它增加了价值，没有人会在意你在上面花了50万美元。但是，如果他们讨厌这个流程，他们肯定会记得你浪费了50万美元。你可以在现有系统中找出可以挽救的元素。设计正确的流程，如果能够发现利用当前流程融入 OPTM 方法的机会，一定要这样做。

如何使用本书

　　本书接下来的六章将详细说明如何创建有效的人才管理实践。我们首先阐释如何让绩效管理，可以说是有史以来最不受欢迎的公司流程，变得既易于使用又能提高绩效。接着，我们在第 3~5 章中将详细介绍如何通过将 360 度评估、人才盘点流程和敬业度调查化繁为简并增添价值，以更快的速度培养出更好的人才。第 6 章将介绍为组织识别正确胜任力的新流程。第 7 章中的概念将确保你的人才管理实践能够长时间持续下去。

　　我们保持了每一章结构的一致性，即从对核心科学的描述开始，详细说明如何在增添价值的同时简化流程，并对在流程中建立透明度和问责制提出建议和方法。我们还会针对你在提出改变时可能会听到的异议提出解决方案。这种结构可以让读者从最感兴趣的主题开始阅读，而无须按任何特定顺序阅读章节。我们致力于令每一章的内容都呈现出详尽和实用的特点，同时为如何成功地设计和实施实践提供明确的指导。此外，我们还在每一章中加入了 OPTM 版本的人才实践概述，以及我们认为有效的示例工具和模板。最后，我们会提出一些问题，使读者能够将自己当前的实践与 OPTM 标准进行比照，并迅速做出评估。

如果能够采用这种人才管理方法，相信你和高管们都会对由此带来的成果感到兴奋，我们对此抱有十足的信心。最重要的是，如果你能使用 OPTM 更快地为组织建立更好的领导力，你所在的企业将赢得明显的竞争优势，并很快令对手望尘莫及。

第 2 章

绩效策略：找到一招制敌的增长方法

或许没有哪种人才管理流程比绩效管理更重要或更容易背负骂名。想必单是设定目标、监控绩效和评估员工业绩这几个简单的步骤就可以招致管理者投来的各种白眼和行动上的敷衍。然而，纵观人力资源实践的各个方面，没有任何其他实践能与个人和公司的业绩如此直接相关，从而使绩效管理成为 OPTM 的完美候选人。

　　开展绩效管理的业务原因非常简单：使员工的努力与业务需求保持一致，并公平地评估员工的绩效。不幸的是，这两个简单的目标在受到想让体系变得公式化的管理者、要求流程正当合理的律师以及尝试增添价值的人力资源部门的层层施压下变得不必要地趋向复杂化。最近的一项调查显示，只有十分之一的员工认为自己所在公司的绩效管理体系在实际中确实提高了他们的绩效。

　　这种质疑可能源于这样一个事实，即绩效管理的目的随着时间的推移发生了根本变化。今天的体系与19世纪后期创建的评估体系一脉相承，旨在帮助消除美国公务员队伍中的徇私现象。直至20世纪50年代末和60年代，这些体系才被用于以技术的、关注任务的方式评估绩效。当时的体系没有激励员工提高绩效或使他们的行为与业务战略保持一致的意图。

20世纪中期，行为研究的出现掀起了一阵风潮，绩效管理也开始发生变化。当时的行为研究包括爱德温·洛克（Edwin Locke）和加里·莱瑟姆（Gary Latham）关于目标设定理论的开创性工作以及维克托·弗鲁姆（Victor Vroom）关于期望理论的基本概念。这些理论为采用更全面的方法来管理绩效提供了推动力和科学理由。我们对这些理论知识只是进行简要的描述，并未能恰如其分地赞美这项研究的里程碑性质，但这些描述强调了在创建一页纸绩效管理流程时所应该依据的核心科学。

第一步：以科学为出发点

关于绩效激励的研究极其丰富，这使得绩效管理流程的设计要比你想象得更容易。我们接下来总结的四项研究强调了该流程设计中最重要的发现。

目标越难，激励越多

那些延伸目标确实能够激发比非延伸目标更高的绩效，这并不是神话。目标的难度与目标产生的努力大小和表现之间存在着线性关系。无论一个目标是多么具有挑战性，这种关系都是真实存在的，这意味着一个具有适度挑战性的目标将比一个简单的目标激励出更高的绩效，而一个艰巨的目标又要比具有适度挑战性的目标激励出更多的绩效。激励下降的唯一时刻发生于如果你体力不支，无法更加努力地朝着目标努力，或者目标变得如此困难以至于你不再致力于投身这个目标时。

与自我利益一致的目标最能起到激励作用

自我利益是一种强大的激励工具。当一个目标完成时，我们越有可能感觉良好，这个目标就越有激励性。如果：（1）假设目标完成，我们预料到这会令我们感到开心；（2）我们认为我们的表现与奖励相挂钩；（3）目标的完成实际上要依靠我们个人的努力，这时一个目标便会对我们产生激励作用。虽然并非每个目标都能始终满足这三个标准，但如果员工的目标无法反映出"能为他们带来的好处"，管理者也就不应期待员工会有出色的表现。

具体的目标比"尽力而为"的敦促能创造出更高的绩效

整个目标设定概念的基础是期望拥有特定目标的员工在任务上的表现优于目标不明确的员工。实验表明，敦促员工在一项任务上"尽力而为"所带来的绩效永远不会像设定具体绩效目标所带来的绩效那么高。管理者应小心谨慎，避免设置过于狭窄的目标，因为这可能会导致"非注意盲视"现象（inattentional blindness）。在这种状态下，员工如此专注于一种结果，以至于他们忽略了可以提高绩效、改进学习或确保其道德行为的重要信息。

繁杂的目标会降低每个目标的努力

据一家新兴的研究机构表明，一个人的目标越繁杂，他在每个目标上的表现就越差。虽然尚没有关于理想目标数量的洞察，但这确实表明在有限数量之外增加的每个目标均会对个人的整体业绩产生不利的影响。研究人员发现，当现有的目标集群中额外增加了一个新目标时，员工的绩效表现最有可能降低，例如当高潜力员工接受另一个特殊项目时。

科学为如何使绩效管理流程取得成功提供了明确的方向：建立一种体系，让人们致力于完成一些具有挑战性的目标，并在整个过程中给予他们反馈。虽然关于如何在实际中构建这种体系的研究寥寥无几，但我们的方法可以有助于引领构建的方向。

第二步：化繁为简，增添价值

虽然大多数管理人员都明白设定明确目标和评估绩效的好处，但复杂的传统绩效管理流程可能会迅速打击他们的动力。我们的方法旨在忠实地运用科学创建出一个简单易用的流程，管理者一定会喜欢这个流程。你可能会为只要付出极少的工作量就可以使这个流程发挥效用而感到惊讶。

使用简单的表格

世界各地的管理人员每年都会遭受四页、七页甚至十页的绩效管理表格的折磨。该表格只是一种记录如何实现核心业务目标的机制，确保员工了解他们的目标，并在年底对他们进行公平的评估。在这种情况下仅需要在列表中为每个目标列出三项内容：目标的简单描述（参见下一章的SIMple）、衡量目标是否实现的标准以及用于记录业绩的空间。仅此而已。在本章的后部分，我们会详细阐述为什么传统绩效表格中的花哨内容是画蛇添足的。

让目标保持 SIMple，而非 SMART

你可能熟悉首字母缩写词 SMART（具体的、可衡量的、可实现的、符合实际的和有时限的 specific, measurable,achievable, realistic, and time-bound），它用来描述一个制订得不错的目标。这是一个很棒的缩写，但如果只保留一个（或两个）因素有可能更好。大多数管理人员不太可能设定无法实现和不切实际的目标，因此我们可以删除 SMART 中的两个相关的形容词，而这样做对目标质量产生的风险很小。此外，如果一个目标是明确的，那么它应该已经包含了时间的概念——例如，在 y 之前完成 x，所以我们可以将时间限制作为单独的考量因素。

被 SMART 遗漏的是两个重要因素——目标与组织的相关性以及目标与个人的相关性。前者对于公司取得成果至关重要，后者对于激励员工提高绩效至关重要（不要忘记自身利益）。如果我们将"重要的"这一概念纳入制订一个不错的目标所需的因素中，我们最终会得到"具体的、重要的、可衡量的"SIMple 目标设置 (specific, important, measurable)。

以这种方式构建的目标将符合激励目标的关键标准，它们是明确的且具有挑战性。使其可衡量非常简单，既可以在目标中添加标准（例如将销售额增加20%）也可以单独列出标准（例如客户满意度增加10%）。一些额外的指南将有助于让你的目标保持SIMple。

专注于重要的少数事情。我们知道，繁杂的目标会降低每个目标的努力，但是让目标保持正确的数量依靠的更多的是艺术而不是科学。我们认为正确的数量是多于一个且少于五个——建议三个为佳。我们的逻辑是：如果一些目标确实非常重要——重大、具有挑战性、具有影响力——那么在一年中，人们实现这种目标的数量不可能多于三个或四个。

有相关研究发现过多的繁杂目标可以通过两种方式降低整体绩效，从而反过来为我们的方法提供了依据。首先，如果一个人必须在一个目标上实现不同的结果（例如既要提高生产的质量也要提高数量），那么每个指标完成的结果相较于他努力专注于在一个指标上实现业绩最大化时所取得的结果，可能会差强人意。其次，当某人有多个单独的目标时，如果要求他提高某一个目标上的业绩表现，那么他在其他目标上的业绩表现就会相应降低。

此外，当一个人的目标数量达到四个时，从奖励角度来看，至少有一个目标的意义会大打折扣。如果目标的数量是五个，其中的一个目标在奖金或评级中的权重占比就可能会低于20％——这样它的意义还大吗？并非管理者或员工所做的一切都需要列在目标表格上。在我们所有的工作中，并非所有事项都达到了可作为一个重要目标的水平。我们建议你在OPTM绩效管理工具上最多设定四个目标。

不要将某些目标具体规定为延伸目标。科学清楚地表明更艰难的目标会激发更多的努力，但没有科学表明拥有延伸目标比在每个目标的设计中合理保持延伸和可实现性的平衡更好。如果你将一个目标确定为延伸目标，你所传达出的是要么其他目标不具有挑战性，要么这个目标是几乎不可能实现的。我们更喜欢让每个目标都具有适当的延伸度并抛弃单独的标签。这是不必要的复杂性。

摒弃目标权重。这个目标占奖励或评级的20％，那个占25％，另一个占35％。加权的典型意图是向员工显示哪些目标比其他目标更重要，并提供确定奖励的精确方法。实际上，目标加权消除了管理决断权并导致了错误的精确感。（这个目标的价值真的比其他目标多出8％吗？5分制中的2.6真的比 2.7 差吗？）有一种更简单的方法。在绩效管理表格上按重要顺序列出目标，并告诉员工所有目标都很重要，但排在第一行的目标是最重要的。

设定员工目标

允许员工参与目标设定的过程似乎并不是一个特别可怕的概念。毕竟，他们最熟悉业务，难道他们不应该确切地知道可以取得什么成就吗？另外，他们会更加努力地实现由自己设定的目标而不是管理者强加的目标，这是有道理的。事实上，如果你对工作场所的看法更具社会主义而不是资本主义色彩，你甚至可能会争辩说员工必须参与设定目标的过程。

不幸的是，我们的直觉在这一点上让我们失望了。关于参与型目标设定的研究发现，无论是由员工还是管理者设定目标，两者最后的绩效表现毫无差异。研究发现，更高的绩效是由其他多种因素的作用决定的，而与实际设定目标的人无关。

对参与型目标设定的大部分依据是基于研究而来，有研究似乎表明参与型目标设定通过增加员工对目标的承诺可以对绩效产生积极的影响。然而，后续研究表明，要想获得承诺，其他方法也同样奏效，例如管理者对每个目标的依据或重要性进行解释。因此，在绩效管理过程中利用参与型目标设定会增添复杂性，而不会带来任何可衡量的收益。

频繁提供有关进展的反馈

相关研究清楚地表明，如果人们致力于实现某一目标，那么如果他们得知自己并没有向成功迈进，他们就会重新调整努力的方向（或加倍努力）。因此，在扎实可行的目标面前，反馈成为提高每个员工绩效的可靠途径。我们明白很多管理者都对提供反馈抱有某种非理性的恐惧。我们可以通过一个称为"前馈"的流程和我们在第三章中将会描述的每日问题流程来减轻大部分的这种恐惧。

频繁的反馈可以更快地培养领导者，因为当人们收到反馈或前馈，他们都有机会纠正自己的路线。更频繁的反馈可以缩短绩效改进的周期，令实际的改进发生得更快。管理者提供反馈的频次取决于员工的目标、能力和绩效；管理者应该告诉每位员工将何时获得反馈以及原因，这是体现对员工透明的绝佳时机。

征求正式或非正式的 360 度绩效反馈

与人才盘点流程一样，意见校准是获得准确评级的可靠方法。对于任何无法直接衡量以及其绩效涉及直接主管以外的人的目标，要从能够对该雇员是否实现该目标及其实现目标的手段进行切实观察的每个人那里获得意见。许多员工和大多数管理者都有十个或更多的利益相关者，或他们所服务的客户，他们的平均意见可能最接近客观事实。

上述的每一个要素都会为管理者和员工增加更多价值，而不会增添整个流程的复杂性。如果你仅使用这些指南来创建绩效管理流程，我们相信这个流程会受到管理者们的青睐。

此外还有一些要素，虽然它们在价值－复杂性曲线上或许会转向可疑的地带，但也可能是恰如其分的，这取决于组织的整体流程方法和文化。至少，它们与科学并不相悖，并且在置入流程时本质上并无不妥。因此，在适宜的情况下，你可以考虑以下要素。

将行为评估作为绩效管理的一部分。这似乎是一个容易添加的要素。许多人认为通过衡量行为，我们可以平衡目标的完成方式和目标的内容。如果绩效管理过程中没有这些要素，人们则会担心管理者为了结果会不择手段，留下的是满目疮痍。虽然人力资源专业人士或企业领导都会同意正确的行为对管理者的成功是至关重要的，你还可以通过多种方式强调这些行为的重要性。你可以使用发展计划（即有效力的计划）来让管理者对改变自己的行为负责；你可以使用人才盘点或继任计划流程传递明确的信息，即良好的管理行为会令人更胜一筹，而糟糕的行为则会对上升道路造成阻碍；你可以使用360度评估的结果作为对需要改变的行为进行强化的标准；你甚至可以使用非常强大的企业文化来传递哪些行为是可以被接受的。

在选择将行为纳入绩效管理计划之前，要考虑可以影响管理者行事方式的所有其他方式。这确实是让他们对自己的行为负责的最佳手段吗？

如果你确定要将行为纳入绩效管理，则需要决定它们的级别是否要与绩效目标相同（例如要求管理者实现的特定的行为改进目标），是否作为一个整体类别（管理者是否整体上展示了所需的行为？），或作为提醒（包括今年要关注的一、两个重点行为）。你可以对每一种方式灵活地使用，它们都会奏效，我们已经见证了这一点。在为组织所设计的每种方法中，你都要确定哪些地方需要权衡价值－复杂性的利弊。此外，与绩效目标一样，行为目标应该是具体、重要且可衡量的。

在评估行为时还有其他一些需要考虑的因素：

行为、技能或胜任力模型的大小和复杂性。你是否要求根据 8 种胜任力及每种胜任力下的 15 项行为描述对管理人员们进行评级？如果你想降低复杂性的话，那么这样做实则可能已经越界了（参见第六章中关于胜任力的观点）。

评测行为。有客观的评测工具吗？ 360 度反馈或其他多个评价者反馈是评估行为或进步的公平方式。

奖励行为。绩效是评级或奖励的门槛（必须满足一些最低的行为标准）还是上限（除非符合行为标准，否则评级或奖励不能高于 X）？还是说你觉得行为根本没有影响，这意味着它们不应该被纳入绩效管理中？

总的来说，我们支持在绩效管理流程中引入行为。然而，正如你从所有选择中看到的那样，这个过程很容易陷入复杂。大多数管理者其实不介意对良好的行为承担责任，最优秀的管理者喜欢对良好的行为负责（在绩效评估时可以轻松得分！）。你所要避免的是一个似乎与让管理者正确行事的简单目标相距甚远的高压的、复杂的流程。

IBM业务和技术领导副总裁麦克·马克维茨提出了一种将行为与绩效联系起来的简易方法："如果你作为团队管理者的得分低于平均水平，则无法在绩效评估中获得最佳评级。"对于具备评测管理者素质机制的组织而言，类似的这种直接联系可能会发挥不错的效果。对于其他组织而言，如果将行为问责纳入人才盘点或其他流程，则可能更有效。

强制分布或强制排名。强制排名这个词肯定会激怒大多数管理人员，引发人力资源领导者之间激烈的争论。强制分布或强制排名是绩效管理流程的正当合理的补充，并且有坚实的科学理论做依据。它由通用电气推广，当福特汽车公司因其流程被起诉时，它变得臭名昭著。如果结果能影响行为，强制排名将会无可争议地提高企业的绩效。

在一项研究中，通过模拟一家公司在30年内每年淘汰排名位于后10%的员工后绩效所发生的变化，研究人员们得出结论："结果表明，强制排名制度可以显著提高劳动力的潜力，这种改善预计在最初几年内应该就会很明显，这很大程度上取决于被解雇员工的比例和自愿离职率。"他们补充道，"结果表明，从某种意义上说，强制排名制度可以从总体上提升劳动力潜力，潜力较低的工人可以被辨识且被具有较高潜力的工人替代。"

鉴于此类方案的好处通常会在最初几年内便得以显现，一些组织可能会发现随着时间的推移调整强制分布是比较恰当的做法。例如，多年来有效执行末位淘汰的公司可能会降低分布中表现不佳的部分占比，或者不同类型的业务可能会根据业绩获得不同的分布指导。这里的关键是确保对绩效评级的分布提供一些引导，使得这些评级既要受到监督也要被强制执行。如果没有明确的参数和后续行动，评级通胀将会猖獗并削弱整个绩效管理流程的有效性。

将发展计划与绩效计划相结合。研究表明，无论将发展计划与绩效计划割裂开还是结合在一起，都没有决定性的好处。一些研究表明，在绩效反馈期间讨论薪酬和晋升会使员工对流程感到更满意，但不会影响绩效。许多人力资源和企业领导都对这一主题的探讨充满热忱。我们的建议是选择能在组织中奏效的措施。

绩效管理方案中一些最为常见的做法根本没有科学或基

于事实的依据来证明为此付出的努力是正当的。此外，它们可能十分令人困惑，并且有误导员工的风险。以下列出的是我们强烈建议摒弃的一些做法。

不要使用标签或数字评级。绩效管理评级量表中不必有数字评级，我们希望如此，至少这种评分不会传达给员工。数字编码对于在绩效管理系统中存储评级是有效的，但是告诉一名员工他在5点量表中得了"3"和告诉他"完成了所有目标"是无法相提并论的。事实上，想要避免传达实际绩效水平的管理者才通常会使用数字作拐杖。

同样语焉不详的是评级标签，例如明星绩效员工，高价值或有价值的贡献者。由于不想让任何人感到难过，管理者们已经为他们的真实想法——"你超越了你的目标"，"你完成了目标"，或者"你没有完成目标"创造了另一套措辞。但由于透明度比委婉的辞令更有效，评级标签会阻碍有效的绩效沟通。

在我们对简洁设计的追求中，数字或标签也只是额外平添了复杂性，而不会增加任何价值。它们最初的目的是体现其他事物——员工实现个人目标的有效程度和完成程度。放弃数字或标签，直截了当地说出你的想法，例如"目标完成了"

或"超额完成目标"。

不要执着于评级量表。当人力资源专业人士们聚在一起时，没有任何一个话题会比各自公司所使用的评级量表引起更多的热议。无论他们使用的是3点、4点或5点量表（或更多！），都会引发有关为什么某种量表比另一种更有效的激烈讨论。别人会对你说，3点量表可以让你区分业绩最佳者和业绩最差者，这才是最重要的。4点量表的支持者会告诉你，它迫使参与者要对某个员工是高于还是低于平均水平做出判断。5点量表的粉丝则指出它符合正常的业绩曲线（这本身就是一种谬误——员工绩效并不遵循钟形曲线的分布）。尽管每个人对自己偏好的量表充满热情，但有明确的证据表明：

量表值无关紧要。3点到7点之间的所有量表在尺度等级和考核者可靠性程度方面是相似的。

量表形式无关紧要。没有证据表明行为锚定的量表（对每个点的含义均有说明）比直接的数字量表更有效。

管理者倾向于只使用更高的评级。除非你要执行强制分布，否则管理者会永远避免选择量表的最低层级。

不要加入自我评价。管理者们通常会要求员工在绩效考核时进行自我评价。这或许是为了让自己省去给员工写评价的麻烦，或许他确实想知道员工是如何看待自己的表现的，或者因为他认为让员工参与这个过程是有益处的。虽然这些想法可能在某种程度上带来助益，但它们既让流程变得更加复杂，也忽视了自我评价是最不准确的评价形式这一事实。

此外，研究表明越是能力较低的员工越是可能对自己的表现产生出错觉。因此，尽管业绩表现在百人排名前十位的员工可能认为自己名副其实，但排名第四十、五十和八十位的员工也认为自己的排名应居前十。书面形式的自我评价只会损害大多数员工的自尊心，因为他们的自我评价与管理者的看法是不一致的。

不要求进行自我评价的另一个原因是员工对自身绩效的看法确实无关紧要。这可能听起来过于刺耳，但是绩效评估是管理者告诉员工自己对他们的绩效看法的手段。管理者和员工可以进行对话，但不能进行谈判。既然员工的意见到头来对最终评估是无关紧要的，为什么要在这个时候询问他们的意见呢？自我评价披着"每个人的意见都很重要"的外衣，是不必要的复杂性。

第三步：创建透明度和问责制

在组织内建立信任的一个极佳的方法是确保绩效流程透明，并确保领导者对流程的执行负责。通过我们刚才描述的简单的流程，这两个目标的实现可以变得更加容易。

透明度

确保绩效管理透明的一个主要好处是令员工认为评估结果是公平的。记住，承诺自己致力于目标实现的关键驱动因素是相信实现这些目标会带来奖赏。绩效管理中有两个方面与透明度的关系最为密切——目标设定或评估过程，以及评级的分布（如果有的话）。

分享目标来源和关联。员工应了解目标的来源以及目标被评估的方式。目标是否源自更大的企业或部门目标？完成这些目标对部门或公司的业绩有何影响？管理人员可以在评估期间通过对话或通过在内部网上发布材料以分享此信息。

员工还应了解谁的意见会被纳入评估。

分享评级量表和分布。如果开展了目标分布或绩效等级强制排名，要对结果进行分享。在非强制的情况下，分享实际分布结果的影响会更强大。当员工知道自己所在部门中有12％的人超额完成了所有目标，有34％的超额完成了部分目标时，他们就会对自己的绩效水平有更好的判断。

问责制

如果你是一名管理者，你可能有时不得不被督促着完成绩效评估。如果你在人力资源部门，你或许会在某个时刻需要想方设法让管理者们完成这项看似简单的任务。问责制是确保绩效管理成功的一个关键驱动因素。如果一个组织没有设定目标、指导和进行公平的评估，那么它就无法利用巨大的绩效驱动力。这方面有几种创立问责制的不同方法，其中一些更为严厉。以下是一些建议：

· 扣留主管的奖金直至所有绩效评估完成。具有威胁性但非常有效，此方法可能只能使用一次。

· 扣留员工的奖金直至主管完成所有评估。扣留员工的奖金，直到主管着手评估并让员工知道他们没有得到奖金的原因，这是推动问责制最为严厉的方法。（如果一位管理者如此糟糕，那就很容易遭到解雇。）

·员工驱动的问责制。提前一个月明确告知员工此流程的运作方式以及时间限制。要让他们知道，如果他们的主管没有履行设定目标、核查进度或进行最终评估的责任，员工应该对主管进行提醒。如果他仍然未能完成这个流程，他们应该提醒人力资源部。我们将此称为"定时炸弹式沟通"，因为你已经设置了一枚定时炸弹，并向管理者提供了如何解除它的确切说明（只需进行对话）。如果他选择不去解除炸弹，炸弹就会爆炸。

·CEO驱动的问责制。如果一位CEO在绩效评估上以身作则，树立了榜样，他就可以成为一个强有力的推动者。当公司中拥有最高权力的高管都表现出自己可以抽出时间进行评估时，其他没有参与评估者的借口听起来就相当站不住脚了。

总结：OPTM 绩效管理流程

我们的绩效管理方法可以从根本上提高清晰度并增加对目标的承诺，同时减少在流程上所花费的时间。虽然整个流程的步骤（设定目标、核查进度、评估目标）可能与你当前使用的流程没有区别，但其余方面几乎是大相径庭。我们的绩效管理表格样本只关注最重要的要素——目标及其指标（参见图2-1）。我们通过将目标数量限制为四个来提升绩效。我们不会纠结于评级量表上的数值、单独加权目标、每个评级类别的可爱标签或任何使绩效管理复杂化的花哨的传统方法。

姓名		评估日期	
目标 1		指标：	
成果：			
目标 2		指标：	
成果：			
目标 3		指标：	
成果：			
目标 4		指标：	
成果：			

绩效

行为	目标 1		指标:	
	成果:			
	目标 2		指标:	
	成果:			
	整体成果: 满足预期			

图 2-1 OPTM 绩效管理模板

　　我的管理者们是一群喜欢精确的技术型用户。他们坚持要在绩效管理制度中设置目标权重和精确的数字评级。

　　你的用户们在精确度方面感到舒适，因为他们已经习惯于一以贯之的测量标准——一厘米总是一厘米，一千克总是一千克。但在绩效管理中并非如此，因为在衡量绩效时是没有客观标准的。对于 5 点制量表，2.6 的评分实际上可能位介于 1.6 到 3.6 之间，具体接近于哪端取决于考核者是谁。"对业绩的评估关乎评判，它是相对的，不能仅仅依靠一个公式，"雅芳产品公司人力资源高级副总裁吕西安·阿尔齐亚利表示，"如果你认为（一个公式）可以给予员工确定性，那么你就是在愚弄他们和你自己。"一旦管理者理解了这些现实，他们就明白看起来精确的事物显而易见只不过是草率的测量。

你可能认为我的制度很复杂，但它似乎对我所在的公司很有效果。我为什么要改变？

你当前的制度运行得很好，这很棒。如果完成目标设定和绩效评估只需要目前一半的时间，你觉得部门主管们是否会更喜欢现在的制度呢？

我们的人力资源技术规定了绩效管理流程运作的方式。改变这一点将是非常困难的，更不用说代价高昂了。

对此没有简单的答案。技术永远不应该规定任何人才流程。但是，如果你无法摆脱技术，那么看看是否可以摒弃一些花哨的东西，让流程更为简化。这通常是一种低成本的干预措施。如果该流程不是完全静态的，看看是否可以对其进行定制以更好地满足OPTM理念。转向稍微昂贵一点的领域，一些人力资源信息系统（HRIS）技术准许你购买和在系统上集成不同的前端。这个前端可以高度定制，以使用户体验更为快捷和简单。最后，将这本书推荐给你的HRIS领导。

评估你的绩效管理流程

·你是否能使用有关企业、职能或区域目标的足够信息帮助确定目标?

·每年与主管至少能进行两次高质量谈话,借此讨论绩效问题的员工比例能占到 85% 吗?

·员工调查是如何评价你的绩效管理流程的有效性的?

·每位管理者是否平均要花费 20 多分钟来完成表格的填写?目标的数量是否有限制(理想情况下少于五个)?

第 3 章

360 度评估：盘点人才，是为了更好地调整队伍

360 度评估（360s）不断增加的流行热度似乎依赖于坚如磐石的逻辑流。领导者的行为对组织很重要，因为行动得体的领导者可以在要实现的目标和实现目标的方式之间保持平衡。这种平衡可以提高其自身效率以及团队的敬业度和绩效，从而转化为卓越的财务业绩。因此，如果我们经常向领导者提供 360 度反馈，他们将有动力改善自己的行为，这样领导者的平均素质和业绩都将不断得到提升。这是一个很精彩的理论，但它与现实几乎是背离的。

　　虽然 360 度评估有助于更快地建立更优秀的人才，从而改善组织的业绩，但很少有人见证过这些益处，并且是出于显而易见的原因。典型的 360 度流程是建立在一位自我激励型管理者的前提之上的，此人很容易接纳 360 度反馈，致力于自我提升，并通过规划自己的行动不断进取。大多数公司在评估结束后不要求制定任何行动规划，只有20%的公司要求参与者与他们的主管谈论成绩。此外，典型的360度报告晦涩难懂，无法将管理者的焦点集中在正确的行动上，也不能就有关下一步的规划提出实用建议。因此，就不难理解为什么鲜有领导者是仅凭360度反馈改善自己的表现的。尽管存在这些质疑，我们仍然强烈支持360度评估流程，因为我们认为这是一种简单而有效的方式，它可以使人们的行为与组织需求保持一致，从而实现业务目标。美国运通公司的凯文·考克斯曾说："与那些擅长'向上管理'的人相比，要想发掘真正有天赋的领导者，没有比360度评估更好的方法了。"

在本章中，我们重点探讨评测行为或为行为提供方向的360度评估。用于评估业绩的那些360度评估也是有助益的，我们已经在第二章中对它们进行了扼要介绍。若要知道360度评估是如何提高组织绩效的，让我们先不讨论流程本身，而是从科学的作用入手。

第一步：以科学为出发点

360 度评估在 20 世纪 80 年代末和 90 年代初首次流行开来，当时很少有学术研究对它的有效性进行述评。即便在当今，大多数现有的研究探讨的都是各个独立组成部分——360 度反馈是否提高了绩效、谁应该担任考核者、不同量表运作方式的区别，等等。不幸的是，这为人力资源从业者和咨询顾问在没有明确事实作为指导的情况下设计和实施 360 度方案留下了充分的余地。以下是科学提供的论据：

反馈可以提高绩效

任何反馈过程的核心都是基于反馈会导致行为改变，从而改善任务的业绩表现这一假设。除非这个假设成立，否则 360 度评估流程几乎是没有价值的。

问题在于，这种假设建立在可疑的科学基础上，而从业者现在才开始理解反馈如何影响业绩表现。

这一假设来自 20 世纪中期的研究，尽管在完全相同的研究中得出的证据直接与这些主张是相互矛盾的。在 1956 年的一篇影响深远的文章中，罗伯特·阿蒙斯（Robert Ammons）回顾并总结了之前关于反馈与表现之间关系的研究，得出的结论是表现认知（反馈）增进了动机和学习。该文章成为进行其他反馈实验或证明使用反馈的合理性时所引用的标准参考文献。令人惊讶的是，阿蒙斯的许多结论都依赖于他所承认的来自其他实验的被非正式收集或被推测出的数据——而并非如人们所愿：来自确凿的证据从而为最受欢迎的人力资源工具之一提供佐证。

我们对反馈 - 表现关系的理解得益于 1996 年对 607 项不同研究的荟萃分析，这些研究检验了反馈与绩效之间的联系。研究的结论是，反馈通常确实提高了绩效（平均 0.4 个标准差），但它还发现，与反馈的总量相比，业绩表现实际上降低了三分之一项。这项研究表明，随着对任务的反馈越来越少，而针对个人本身的反馈越来越多，改进的程度越来越低。简而言之，研究发现，如果你告诉某人如何根据他过去的表现更有效地制作一个小部件，他可能会做得更好。但是，如果你告诉他他需要在团队会议中减少发言，那么单靠反馈就不太可能改变他的行为。

我们可以做出的最具决定性的陈述就是，仅凭反馈是可以改变行为的，但这种情况肯定不能保证是必然会发生的。这意味着在没有结构化跟进的情况下进行360度评估可能是对组织资源的不良使用。甚至有人会说即使对组织没有任何好处，对360度反馈的投入仍是值得的，因为它提高了个人意识。我们拒绝认可这个观点。如果一种活动的目标是增强个人意识，而不能提高绩效，那么这种活动应该在组织之外的地方发生。

明确的改进目标有助于行为的改变

研究表明，拥有明确的改进目标是推动行为改变的不多的因素之一。有限的研究表明，获得反馈的人如果拥有目标会增加采取行动的可能性，但绝不保证肯定会发生这种情况。第2章中讨论的目标设定理论为反馈和目标是最有效组合的命题提供了额外的砝码。

人格特质会影响一个人对反馈的反应

个性在人们如何接收和回应反馈方面发挥的作用并不令人惊讶。个人的人格特质会影响情绪、自尊感和思维过程，因此人们会通过这些视角看待反馈。例如，一个人对生活中的高潮和低谷的耐受力越高（人格理论称其为"情绪稳定性"），他就更有动力对反馈采取行动。如果一个人性格外向，他更有可能要求额外的反馈。一个人越是自律和缜密（人格理论称之为"自觉性"），他就越有可能参与改进的活动。由于这些人格特质在不同的人身上表现程度不同，管理者们对反馈做出反应的方式也是不同的。

跟进反馈会提升人们对改变的看法。在一项针对多家公司的一万多名管理人员的研究中，马歇尔·戈德史密斯证实了一种看似直观的联系——如果你跟进反馈，人们会认为你已经改进了。而且他们越是觉得你跟进了，他们就会认为你实现了越来越大的提升。虽然这一与结果有关的简单联系无法在学术文献中找到，但它为创建 OPTM 流程提供了强有力的指导。

第二步：化繁为简，增添价值

　　基于上述提到的科学，我们掌握了一些事实，可以告知人们有效的 360 度流程需要哪些要素。我们知道反馈有助于激发变革，但人们是有可能在没有明确反馈的情况下进行变革的。我们知道拥有目标可以促使人们采取行动，但这种情况远远不能得到保证。我们知道每个人对反馈的反应是不同的，但几乎所有跟进反馈的人都会被视为在尝试着改变。

　　因此从一开始，我们的 360 度设计过程就只能以有限的科学为指导，并应用我们所谓的"饮水机格言"：即每个职场人都知道一个人是如何行事的，且组织已经正对此做出反应；360 度反馈只是在纸上获取了这些认知。我们之所以提到饮水机格言是因为，许多文章的作者暗示，来自 360 度反馈的信息在某种程度上是独立于组织中的其他社交系统的。他们主张 360 度评估结果应该是保密的，它应该纯粹是为了人才的发展，并且不会因对结果的无所作为产生任何影响。在这些作者眼中，没有人会说闲话，没有人会在饮水机旁议论他人的行为，也没有人因为这些行为而对某人品头论足。这几乎就像有些人认为只要保守秘密就能防止任何人知道别人的行为。如果你曾在通用电气公司和女童子军这样的组织工作过，你就知道这简直就是荒谬的异想天开。不幸的是，这种观点在一些咨询顾问中间就如何以及何时使用360度评估结果方面引发了一种讳莫如深和近乎虔诚的态度。

我们的基本主张是：360度行为反馈提供了关于管理者业绩表现的关键信息——他的行为与满足组织需求的密切程度。我们不确定为什么公司应该向可以帮助改进行为的人，或者向那些需要它来决定组织资源分配（如晋升、奖赏）的人隐瞒这些信息。毕竟，正如饮水机格言所指的，这不是秘密——360度反馈为收集和呈现这种数据提供了一致的方式。

我们的第二个主张是：我们应该让管理者们尽可能轻松地对调查反馈采取行动。实施是至关重要的，这与我们的OPTM理念是一致的，我们应该采取任何可以使之简化的措施。为了使调查报告具有可操作性，我们设定了一个高标准——收到360度报告的人应该在阅读前两页时就知道自己该做什么。这听起来不可能？我们已经建立了符合此标准的360度评估，并在300多名参与者中进行了测试。它依赖于核心科学，并以前馈原则为指导——人们在关注未来（而非过去）的行为时最容易接受改变的建议，同时这种评估会提供如何改变的具体实例。

360度反馈流程可以分为两部分：完成调查和跟进结果。如果你打算构建自己的360度反馈，以下建议将指导你完成该设计过程。

如果你计划从供应商处购买评估流程，请找到尽可能符合我们描述的设计流程。

化繁为简

典型的360度反馈为化繁为简和提高管理人员工作效率提供了绝佳机会。实现流程的简单性可能比你想象的要容易。通用磨坊的首席学习官凯文·威尔德最近告诉我们，通过采用OPTM思维模式，通用磨坊将其360度反馈报告从50页减少到了8页。依照我们的程序，你也可以取得同样的进展。

使用实用的量表。良好的360度量表应该保留参与者的自我，让他更容易理解结果并采取行动。大多数量表都无法实现这两个目标。

保留自我。通过研究得出的一个直观发现是，伤害自尊的反馈会减少激励性。大多数360度评估在这方面从一开始就处于明显劣势，因为几乎可以保证的是，它打击了至少一半使用者的自尊心。量表通常是数字化的，从1到5，每个点值都附有描述（即"强烈赞同"和"强烈不赞同"）。表上记录着提供反馈的团队。表上的细节包括公司内部的平均分数、基准分数、以前分数的变化，等等。

如果一个人对自己的积极看法经由结果得到了验证，那么他很可能感到心满意足并且没有动力去改变。如果他认为反馈结果描述自己的方式与自我形象的定位存在不一致，他可能会通过否认其有效性来抵制反馈。他可能会声称评估者不具代表性，或反馈反映的行为是在面临独特的业务挑战时不得不采取的行为，或者数据是完全错误的——他的表现并非如此。无论哪种方式，低于中立分的成绩会让受评者感觉自己未能达到一些客观基准，以这种方式显示结果的量表或许会让许多人缺乏对结果采取行动的动力。

简化行动。典型的360度报告中的复杂性和繁杂的细节使得任何管理者都难以理解所应得出的结论以及如何制订行动计划。典型的360度反馈要求普通管理者要与人力资源负责人坐在一起解读报告，然后浏览一本厚重的参考书或网站来制订后续的行动计划。如果只是要求调查的评估者明确说明个人应该采取哪些不同的行动，以及如何采取行动，然后与受评者分享这些信息，那么这个过程会不会变得更容易？

如果 360 度反馈的目标是改变管理者的行为，那么更好的方法是告诉他需要增加哪些行为以及减少哪些行为。这可以让受评者明白应该改变什么，改变的方向以及改变到何种程度。我们所建议的量表精确地提供了这些信息。我们的 OPTM 360 度量表的组成部分是"更多做""多做""不改变""更少做""少做"。当一个人获得这种量表的反馈时，就会更容易立即采取行动。我们将在下一节中展示如何设计这种量表，而且当我们在本章的后部分内容中学会了如何增添价值后，这个量表会更完善。

问尽可能少的问题。如果我们应用"做出最佳决策所需的最少量信息"的核心原则，那么就应该对为什么在 360 度评估上要出现 70、90 甚至 120 事项提出质疑。冗长的问卷使得评估者们的评审过程变得困难，并可能降低他们以后参与评估的意愿。冗长的问卷也意味着后续的报告也是冗长的，管理者需要掌握更多的信息才能对其进行梳理和解读。通过使用较少的问题为管理者提供如何改变行为的明确信息是非常有可能的。以下内容解释了如何避免评估内容过长的问题：

确定要改变的最关键的行为。大多数 360 度评估的事项来自公司的胜任力模型或外部最佳实践模型，旨在甄别理想领导者的特征。在这个过程中通常有两个事情会出现错误。首先，调查事项往往包括胜任力模型中的每一种行为，而不是一组较为重要的行为。虽然许多行为都可能是塑造成功领导者的一部分，但仍然有些行为比其他行为更重要。要求 360 度评估者回答非关键性的问题会使评估无法通过价值－复杂性的测试。为确保成功，仅需让评估者就 15 或 25 个最重要的事项作答。其次，你所在的公司可能会使用某些习语或惯常用语（例如，言行合一或官僚主义克星），这对参与者而言比通用 360 度中的事项更有意义。

询问有关行为的直接问题，而不是概念。当一个 360 度反馈旨在衡量某人在某一特定领域的能力水平时，有一些学术规则可供遵循，从而获得一个有效的结果。建构效度、内部效度和其他考量要素意味着你必须要求评估者回答 3 个、4 个、5 个或更多事项来证明自己正在准确地评测特定的概念（例如以结果为导向）。调查问卷越长，对结果的解释就越复杂。

你可以通过引入与特定行为有关的简单描述的事项来保持360度评估的精益（例如，"经常对我的表现给予反馈"），并将它们与多做－少做量表相结合。以这种方式引入事项时无须证明建构效度。

如果管理者看到评估者对这个事项的回答，他会了解哪些行为具有重要性，并且知道他是否应该经常更多或更少地以这种方式行事。最后的总体成果是生成一份管理者更有可能使用的简短易懂的报告。

用简单、简洁的图表呈现结果。当管理者收到360度报告时，他的头脑里会涌入大量的信息。如果你用数据的海洋淹没他，或者报告呈现的方式令他感到困惑，那么这种报告就会成为行动的障碍。当快速搜索网页时我们会发现评估结果通常会以蛛网图、三角形、同一页面上的五种不同类型的图表以及其他严重违反"所需信息量最少"规则的方式呈现。你应该寻求最简单的方式来呈现此信息，以便管理者们能轻松地理解。在大多数情况下，他应该是一个基本的条形图或连续的标记。

仅报告增值数据。360度评估报告中通常使用的一些功能对增强理解并没有太大作用，可能还会产生误导。消除它们会得到更简洁、更有效的报告。

不要导入标准的数据（标准）。研究表明，将人与外部标准进行比较的反馈不如提供具体的改变建议更具有激励性。知道某人处于百人排名的第 80 或第 20 位不如告诉他需要采取哪些不同的行动。

不要报告优势。你可能已经注意到我们没有在任何地方讨论过优势。在 360 度反馈中强化领导者的优势并没有错，但由于 360 度的目的是指导行为改变，因此，重点应放在关键的行为动作事项上。如果你觉得放入优势是有用的，那么要确保这方面内容的位置和空间与行动事项相比是次要的。

不要报告高分和低分。在许多 360 度反馈报告中，这些分数都毫无意义且具有误导性。它们是最重要的吗？某人的行为方式应该稍微有些改变或产生很大改变吗？本章后部分中的增添价值步骤将展示哪些事项是优先的。

百事公司管理人员素质绩效指数

百事公司非常重视给予管理人员反馈并让他们对自己的领导行为负责。它在这一点上也非常讲究效率。该公司拥有两个强大的反馈工具——组织健康调查和全面的 360

度反馈。它还开发了一个由12个问题组成的管理人员素质绩效指数（MQPI），将其作为衡量管理者素质的快速、简便的方法。MQPI是OPTM的一个模型。它侧重于关注作为百事公司领导者需要展示的一些关键行为，例如，让他们的团队按照正确的优先事项行事，并有效地与不同于自己的人展开合作。这个过程是透明的，由于高层领导的沟通，所有参与者都知道这个工具的定义以及它的用途。这是一个具有明确问责制的年度流程——管理人员使用这些数据作为年终员工评级的意见。

将360度反馈用于评估和发展。只要360度反馈是众多数据点中的一个，就可以在评估领导者时考虑这些数据。它永远不应该被独立使用。在可用的前提下，人才盘点、继任计划以及任务或项目负责人的遴选都是使用此信息的有效时间。对于它可能影响到的组织决策自始至终应该是完全透明的。如果360度反馈纯粹是为了自我意识——一个值得称赞的目标，但与提升个人表现无关——那它最好不要占用人们的工作时间。

确保评价信息的匿名性。这是我们同意的为数不多的几个普遍接受的做法之一，匿名提供反馈信息可以确保准确性并鼓励人员的参与。如果评估者反馈的任何部分是可辨识的（例如，会被逐字引用），则要在调查材料中清楚且重复地进行说明。

避免自我评价。缺少自我评价的360度反馈看起来可能很奇怪，因为几乎所有流行的360度工具都有这个部分。了解一个人看待自己（以及可能的行为）与其他人如何看待他之间的差距，或许是帮助他了解应该改变什么以及为什么要改变的关键信息。然而，目前的研究对自我评价的价值产生了严重怀疑。自我评价的一个原因是，人们试图缩小他人对自己和自我观点之间的差距（控制理论）。

从理论上讲，如果人们看到他们的自我评价与他人如何看待自己之间存在差距，就会引起某种程度上的心理不适，以至于他们有动力弥合这一差距并改变他们的行为。关于这个理论是否在实践中发挥了切实的作用引起了广泛的争论。其他研究则表明，人们很可能以评估者的可信度为由解释这种差距或以组织的要求为借口表明自己为什么需要采取这种行为。尽管这些是理论上的论点，但也有其他事实证明自我评价不应该得到鼓励：

自我评价是不准确的。人们在对自己评级时一直是不准确的。研究表明，自我评级与任何其他人的评级是没有相关性的——同侪、主管、直接下属、客户——无论是评测技能、领导行为、业绩表现还是人格特质。

它们会减少改变的动力。损害自尊的反馈可能会降低人们想要改变的动力。人们的自我评级与其他人的评级之间若存在巨大差距可能会导致心理上的尴尬，这对实现目标完全起到了反作用。

自我评价可能会误导行动。只要不是需要解决的棘手问题，人们就会特别关注他们跟其他人差距最大的地方。因此，一名管理者可能会浪费大量精力去改变那些或许无关紧要的行为。

它们关注的是今天的问题，而非明日的解决方案。我们讨论过的前馈理念认为对未来如何改变的关注比评价过去或现在更有成效。自我评级主要关注的是今天的差距，例如，"看看这些差距——我真的为此感到很尴尬"。如果没有自我评级，报告就只是在说，"这就是未来的行动方向"。

增添价值

每当我们帮助一名管理者理解复杂的信息时，就是一个应用 OPTM 增值原则的好机会。来自 360 度评估的数据可能包含至少 120 个单独的数据点（还是在四类受访者简洁地完成 30 个事项的情况下），这些数据需要一段时间才能理解，并且它们很容易就让一名管理者感到如坠云里雾里。我们可以通过将这些数据提炼成信息，使管理者们可以快速理解和应用，从而增添价值。接下来，我们将说明如何将我们多做 - 少做的量表与流程相结合，以确定事项的优先级，从而创建 OPTM 360 度反馈。

确定关键行动事项的优先级。 OPTM 360 度反馈非常简短，但受评者仍然要处理来自 30 个不同事项的数据。我们知道其中一些事项或许比其他事项更重要，因此我们对调查进行了结构化，以便受访者对项目进行优先排序（见图 3-1）：

·页面 1：第一个调查页面要求受访者使用多做 - 少做的量表选择答案。他们选择每个问题的答案，然后单击下一步按钮。

·页面 2：在提交了这些答案后，第二个页面会列出受访者要用"更多做""多做""更少做""少做"进行标记的所有事项——他们要指出需要有所改变的事项。然后，他们需选择出个人优先要改变的若干事项。他们可以选择最多3个事项。然后点击"下一步"按钮。

·页面3：这个页面中会列出所选的3个事项。受访者被要求为受评者写下一个建议，说明应该停止、开始或继续保持的行为，以改进其行为。现在他们已经用十分钟或更短的时间内完成了整个调查。

这是什么："一页纸人才管理360度反馈"为受评者提供关于哪些行为需要改进以及如何改进的重点和具体建议。

工作原理：你将告诉受评者你认为哪些行为是他们需要优先改变的。你还将被要求为受评者写下一条建议，说明应该停止、开始或继续保持的行为，以改善每种行为。你对受评者的评价是匿名的，但如果你选择的优先级问题属于所有评估者选择问题的前三名，你的评论将被显示。

你所要做的：公开诚实地完成所有三个页面的问题。

记住，如果你的评论出现在调查报告中，它们将与你写的内容完全一致。

参加此调查应该花费十分钟或更短的时间。

如果你在开始之前有任何疑问，请联系本部的人力资源主管。

在以下方面，受评者应如何改变他的行为或行动？

	更少做	少做	多做	更多做
1. 提供反馈以帮助改进我的业绩表现				
2. 对团队开诚布公				
3. 为我的工作职责提供清晰的指导				
4. 根据组织目标执行行动方案				

图 3-1　OPTM 360 度反馈示例

为行动提供具体建议。懂得如何处理结果是传统的360度反馈的一大挑战。通常，一名管理者要与人力资源专业人员坐在一起，共同解读受访者打算传递的内容，然后尝试将其转化为行动规划。他们的结论可能是对的，也可能是错的，但都不过是他们根据对结果的解读做出的最佳猜测而已。

在页面3中，我们解决了这个问题。受访者列出的具体的开始、停止或继续的建议将显示在报告中，以便受访者可以立即采取具体行动。评论是逐字提出的（在完成调查之前向受访者传递的事实）并针对三个优先问题中的每一个。我们不会展示对不属于三大优先事项的问题的评论。它们很有趣，但并不重要——基于价值 - 复杂性利弊权衡。

聚焦信息以使立即行动成为可能。我们会从以上描述的两个事项中摘录出一页纸的总结，它形成了调查报告的核心。由于优先排序过程为每个调查问题提供了从1到30的重要性排名，因此我们可以确定哪些项目是优先项目。该报告显示了三个最优先的问题，并列出了逐字提出的改进意见。仅通过读完第一页，受评者就能够明确地知道要改变哪些行为、改变的方向以及其他人想要看到的新行为。

第三步：创建透明度和问责制

透明度

与所有 OPTM 流程一样，我们先假设 360 度评估是完全透明的，仅在绝对必要的情况下施加限制。对于像传统上植根于保密土壤的 360 度评估这样的领域，这种方法代表了一种根本性的变化。我们认为透明度在三个方面显得尤为重要。

对流程及其原因开诚布公。如果 360 可能是被用来帮助对一名领导者进行评估的，那么参与该过程的每个人在评估开始前都应该明白这一点。如果他们不明白，那么在得知自己的回答将会被如何使用时可能会感到被误导或被操纵。在和他们进行沟通时，你应该强调所在公司行为的重要性，并分享饮水机格言（人们已经对每个人的行为有所了解——360 度评估只是一个记录这些行为的工具）。

受评者应广泛分享结果和行动计划。与受访者共享 360 度评估的结果和行动计划旨在承认受评者听到了对自己的反馈，从而鼓励受访者今后继续提供反馈。它还使受评者成为后馈行为的榜样，并表明他计划采取行动。如果他还列出并分享了自己计划着手处理的一些事情，那么每个人都会知道他对于改进的态度是认真的。如果受评者要求受访者们在自己没有履行行动时告诉自己，那他们会觉得他的确很认真。

分享结果的会议可以一对一举行，也不需要过于正式。如果受评者没有分享反馈结果，那么这是一个警告标志，表明他们可能不愿意承认这样的结果并对其采取行动。

告知如何使用信息。我们之前已经讨论过我们的理念，即在做出有关人事变动，如任命和晋升的决策时应将360度评估数据纳入考量。无论是含糊隐晦还是直截了当，在做这些决策的过程中领导者的行为方式都会被纳入考量，因此我们更喜欢数据来自一种像360度评估这样公平的、一致的来源。如果以这种方式使用，它应该是形成决策时多个数据点中的一个。

问责制

我们之前强调过，仅凭360度反馈很难激发动力。问责制可以在确保管理人员对其360度评估结果采取行动方面发挥重要的作用。我们可以通过多种方式推动问责制。

让管理者们知道其职业生涯将加速或减速。在领导者行为对其职业生涯的潜在影响方面保持透明是问责制的驱动力。如果他们知道自己被要求推进适当的行为（以及哪些行为），他们就被赋予了开始改进这些行为的力量，并知道如果不这样做会产生怎样的后果。

评测逐年的进步。纳入测评的事项会得以完成——这是一个科学真相！如果你所在的公司会认真看待行为上的改进，那么让管理者们对每年要提高360度评估的成绩承担起责任。忽略"评价我的会是不同的人"或"我需要采取强硬措施让这个新团队保持一致"的抱怨。在不同的岗位和情境中，行为表现是高度一致的——人们不会因为他们有了新的角色就成为混蛋（反之亦然），结果总是可以在特定的环境中进行考察。实现改进或没有改进的后果可以是多种多样的：纳入绩效考核、与薪酬挂钩或者仅仅作为对一个人职业生涯的积极或消极影响进行讨论。

使流程透明化。流程的透明度推动了个人的责任。了解自己发展目标的人越多，他就会越专注于实现这些目标。

后续跟进和问责制是确保 360 度评估产生影响的关键因素。传统上，我们人力资源部门依靠管理者或员工采取主动，或可能聘请外部的辅导人员。第一种解决方案是不可靠的，第二种解决方案可能很昂贵。幸运的是，有一种辅导选择非常有效，它不需要任何费用，任何人都可以做到。由安德鲁·索恩（Andrew Thorn）和马歇尔·戈德史密斯设计的同级辅导（peer coaching）可以轻松地改变人们对反馈的跟进方式。

单单是想到同级辅导就足以让大多数领导者的心率加速。向同级暴露自己的弱点？请他们帮你改进？这听起来像是一个为明天饮水机旁的聊天提供谈资的绝佳方式。实际上，每日问题流程所暴露的弱点要少于传统辅导，并通过使用戈德史密斯的前馈方法将焦虑降至最低。

确定一个同级指导。你的同级指导可以是任何愿意与你合作的人 —— 一个值得信赖的同事、朋友甚至是家庭成员。成为指导的唯一要求是：他愿意每天花五分钟的时间来询问你所选择的一系列问题。理想情况下，你的指导也是想要改进自己的一两种行为的人，这样你们可以同时给予对方相互的指导。

确定想要改变的行为或想要实现的目标。在高管辅导中，我们建议你所选择的要改变的目标不要超过三个，但每日问题流程允许你选择更多的目标。我们建议从两个或三个目标开始，并日积跬步。你选择的行为或目标可以是与工作有关的（更多地给予员工定期反馈），个人的（一周去健身房锻炼三次），甚至是私人的（观看儿子的所有足球比赛）。

要求前馈。就有关如何实现目标向一些人征询建议。从朋友那里开始可能是最容易的，但是你会为从任何人那里能得到的宝贵建议而感到惊讶。在提出问题之后，唯一要做的是倾听对方。不要评判对方给出的答案，或告诉他们自己已经尝试过了，这太难了，或者自己之前已经想到了。你所需要做的就是记在纸上并表示感谢。在实现目标的过程中，采纳或不采纳这些建议完全取决于你自己，但每一个建议都值得仔细考虑。

你现在有了一个指导、几个目标以及一些如何实现这些目标的建议。这很容易！

选择每日问题。你的指导每天都会给你打电话、发送电子邮件或向你提出你所请求的问题。这些问题应该是有助于跟踪你是否在实现目标方面取得进展的问题。要想使这个过程变得快速、简捷，这些问题的答案只能是"是""不是"或数字。例如，如果我的目标之一是向我的员工提供更及时的反馈，那么这个问题可能是，"你今天是否有机会向工作人员提供反馈或前馈？"另一个问题可能是，"你是否利用了这个机会提供反馈？"

如果你的目标是每周去健身房三次，那么问题可能很简单，"你今天去健身房了吗？"创建一个问题清单给你的指导。

拨打电话。戈德史密斯描述了与他的同级指导——太阳微系统公司（Sun Microsystems）、北电网络有限公司（Nortel）和贝尔南方公司（BellSouth）的前首席学习官吉姆·摩尔（Jim Moore）是如何合作开展日常问题流程的：

吉姆每天都会对我提出相同的 24 个问题。我每天都向吉姆提出相同的 17 个问题。吉姆和我各自都有一个记录彼此问题的电子表格，我们互相记录答案："是""不是"或数字。以这种方式构建问题可以保持电话沟通的持续，我们每次的电话沟通只需花费几分钟的时间。我们每周都会互相发送完整的电子表格。如果我们有事耽误了一两天，我们会在之后的日子里把进度赶上。

如果你做得不错，你的同级指导可以给予你表扬。如果你对自己的进步不满意，你应该要求他们（及其他人）给予前馈。

每日问题反映了 OPTM 方法的最佳方面。这个过程简单而且免费，因此使用它没有任何障碍。每日电话确保了问责制。鉴于你的指导了解你的目标和进度，因此透明度是存在的。如果坚持下去，我们可以保证你将实现目标。

总结：OPTM 360 度评估

我们推荐的方法包含了对典型的 360 度评估进行的几项改进。对未来行为而非今天行为的关注可以降低反馈的防御反应风险；一个简单的优先级划分过程确定了要改进的三个最重要的事项，使管理者能够专注于那些最重要的行为；来自于最了解管理者人群的具体改进建议意味着他可以立即开始着手改进这些行为。此外，OPTM360 度反馈报告示例如下所示。读完报告中的前两页便很容易总结出关键信息：

· 优先改变的行为。受评者专注于他们的受访者选择的三个最高优先级事项。我们所要做的很简单，只需将结果告诉他们，而不是试图从图表页面上确定出他们的行动重点。

· 有关如何改变的实用、具体的建议。受评者从他们的受访者那里获得自己应该如何改变的逐字建议。

OPTM360 度反馈报告示例

你的 360 度发展报告

它是什么：你曾要求同事对你应该改变哪些行为以及如何改变做出评级。此报告总结了他们的反馈，重点关注他们指出的你要优先更改的事项。

如何使用这份报告：

· 仔细阅读读结果，重点关注优先问题和改进建议。

· 确定你想要改变的一两个行为。

· 确定何时能够实践该行为并获得反馈的具体时机；与你的上级确认这些选择。

· 如果需要，请咨询本部人力资源负责人。

你的三个优先问题

	更少做	少做	不改变	多做	更多做
为团队提供明确的工作职责指导		良	优秀	及格	
通过提供具有挑战性的经验培养团队成员		良	及格	优秀	
与总部以外的团队成员开展有效合作		及格	优秀	良	

你的 2 个重点问题	改变建议
1. 为团队提供明确的工作职责指导	· 在交给他们项目之前，请让你的团队更清楚地了解他们的工作范围。有时他们开始工作时会发现这是其他人已经完成的工作。 · 你应该帮助团队更好地将他们的活动与财务战略相结合，因为他们似乎在致力于有趣的但不完全符合我们正在努力的项目工作。 · 不要再让你的策划和分析人员分析并报告不属于他们职责范围的信息。 · 我们喜欢弹性制度，但并不知道我们的表现是如何与奖金挂钩的。
2. 通过提供具有挑战性的经验培养团队成员	· 我们虽然忙碌，但我们真的学不到任何新的东西。如果你能让我们中的一些人轮流承担新的职责，那将非常棒，这样我们就可以学到更多。 · 请将我们分配到一些较大的金融项目中。 · 你的"缓慢而稳定"的职业发展口号并不适合每个人。开始了解员工的不同职业需求。 · 当我们需要项目成员时，更频繁地派遣你的员工。

克服异议

如果 360 度评估上提出的问题较少，领导者将无法全面了解自己的所有领导行为。

正确。他将全面了解真正重要的领域。我们之前已经证实意识不会引发动机。这意味着向领导者通报不重要的领域至多会增加不必要的复杂性，更糟糕的是，会误导领导者着手于非关键性的事项。意识到什么是好的领导模型是有趣的，但这与你是否能成为一个好的领导者没有必然联系。

如果你让受评者知道 360 度评估结果可能会对领导者的职业生涯产生影响，那么将得到较少的诚实答案。

一些证据表明，当受评者知道 360 度会直接用于评估时，他们会加大答案的强度，或者更负面或者更积极。其他研究表明，如果人们知道调查会用于评估，他们可能会表现得更宽容。一些研究表明，如果同事们认为自己的反馈会对受评者产生负面影响，他们就会修改他们的反馈。然而，这些研究通常针对的是关于绩效的 360 度反馈，而不是 360 度行为反馈。我们并不是说 360 是用于评估行为的唯一工具。在我们的 360 度评估设计中，建议是最重要的，所以一个不太极端的评级和一个好的建议具备很多的价值。

有人会在你建议的量表上真的选择"更少做"吗？

我们发现大约 0.5% 的受访者会勾画这个选项，大约 2% 的受访者选择"少做"。鉴于占比较低，你可能会认为我们会删除该选项。我们保留它有两个原因。首先，研究表明，受访者通常不会使用任何量表的极端选项。通过同时设置"少做"和"更少做"，我们可以在存在更极端选项的前提下让受访者轻松选择"少做"。其次，对于某一些问题，选择"少做"这一答案是最适合该受评者的正确答案，删除该选项也就消除了受评者收到准确反馈的可能性。

在管理者有机会改善自己的行为之前与其他人分享 360 度结果是否公平？

请参考饮水机格言——组织已经知道他的行为方式。我们当然支持在管理者因没有改变行为而造成任何后果之前合理告知管理者关于其行为的评估。我们建议在第一次 360 度评估之后和再次进行评测之前，给予管理者一年的时间去改进并要求其对改变承担起责任。在此期间，这些有价值的信息在合适的情况下应酌情纳入决策过程。

评估你的 360 度流程

· 为了让你所在的组织获得成功，你的 360 度流程是否根据最重要的行为量身打造？

· 完成它需要超过十分钟的时间吗？

· 普通管理者是否能够轻松地理解反馈结果？

· 读完 360 度评估报告后，管理者是否明确知道要改变哪些行为以及如何改变这些行为？

One
Page
Talent

第 4 章

聚焦靶心：领导者的首要任
务，是搞定骨干

如果你正在寻找有效的人才管理引擎，那么你已经如愿以偿了。

人才盘点流程可帮助你了解所拥有的人才，发现所缺的人才，并制订计划来解决这两方面的问题。你将了解投入于培养人才上的资金会在哪些方面带来最佳回报，以及剥离哪些方面是更明智的。简单的 OPTM 流程将以最少的书面工作和最大限度去官僚化的方式实现这一目标。

根据你所看到的调查，50％到75％的企业会投身于人才盘点和继任计划；大约一半的企业会使用正式的流程。这个数字在我们看来似乎并不高。企业高管们对实施敬业度调查持怀疑态度，或者认为有其他选择可以替代典型的绩效管理体系，对此我们可以理解。但是，缺少正式的人才盘点或继任计划流程是不负责任的表现。

人才盘点和继任计划应该是对董事会和高管团队而言最具吸引力的实践。近年来，突发的CEO死亡事例（例如麦当劳的查理·贝尔和吉姆·坎塔卢波，比阿特丽斯食品公司的雷金纳德·刘易斯）和因绩效驱动而导致的离职（例如，通用汽车的里克·瓦格纳，花旗集团的查克·普林斯）在企业的发展中屡见不鲜，这一情况足以说服每位董事会成员和高级管理人员，为关键过渡进行未雨绸缪的准备是至关重要的。"对于处在成长中的企业而言，人力工作的重点往往是招聘关键性人才。"安永会计师事务所合伙人、人力资本全球领导者、人力咨询官N.S.拉詹表示，"而对内部人才的发展并没有给予足够的重视。"强大的人才盘点流程可以确保一种健康的平衡。

通过人才盘点流程，我们可以持续和系统地定期评估企业领导者。该流程有两个主要目标：通过预测哪些领导者将获得成功（他们的发展的潜力）来了解领导者的素质和深度并为继任做规划。一些公司称之为继任计划，但我们认为，人才盘点是推动人才投资的一个更全面的过程，而不是一个确定谁将接替某人的僵化死板的过程。人才盘点应提供必要的信息，以便做出明智的继任选择，并指导公司如何投资潜在的继任者。继任计划则是一个更加机械化的过程，用于确定哪些员工最适合填补哪些职位，以及跟踪继任者的技能和行为差距是否正在消弭。

　　人才盘点的力量在于一贯的、严谨的执行。美国银行前领导力发展主管吉姆·尚利在表示人才实践应该遵循有规律的企业节奏时完美地传递了这一概念。我们相信，如果一家公司只要每六个月定期讨论一次人才问题，对每项决定采取跟进行动，那么它的人才素质和深度将很快让紧随其后的竞争对手黯然失色。只须使用一个简单的工具（绩效和潜力矩阵）和一些关于组织中对潜力意义的明确定义，你就可以了解自己的人才并就如何培养、挑战、认可和奖励他们做出最佳的决策。

第一步：以科学为出发点

人才盘点流程的核心目标是准确预测哪些员工随着时间的推移会在公司中取得进步并获得成功。公司在执行该项任务时效率越高，就越有可能在需要的时间和地点提供合适的人才。从理论上讲，这个过程应该通过确保企业里最重要的那些职位始终有最优秀的人才做储备，从而提高公司的竞争优势。

与绩效管理或其他源自科学建构的人才实践不同，人才盘点和继任流程是为跟踪和报告而设计的。没有科学理论指导二者的流程设计，没有任何证据证明继任计划的结果对公司有利，除了 CEO 的继任。虽然没有证据证明将人才盘点流程的各部分进行整合是有效的，但我们肯定的是，各个单独部分是具备有效性的，且这个观点有强有力的研究为支撑。

在现实中，某些个体可以始终如一地发挥高水平的表现，科学理论发挥用武之地的地方在于，它可以为此现象提供实际的见解和指导。研究人员多年来一直对这个主题兴致不减，可以信手拈来的科学理论浩如烟海，即使它们并非都言之凿凿。虽然没有证据表明一贯具有高绩效表现的个人的集合，将成就一贯具有高绩效表现的企业，但整体的表现不可能远低于部分表现的总和。如果说这种逻辑跳跃过大，我们知道高绩效者将在他们所处的组织领域里实现成就的最大化。

对个人成功的研究表明，持续的高绩效没有任何秘密。我们只能说，有些因素比其他因素更为重要。

聪明的人每次都是赢家

与人才管理科学同样，对一般智力（大致相当于 IQ）及其对工作绩效影响的研究也是令人信服并不容置疑的。简而言之，一个人的聪明程度对其长期工作表现的决定作用要比任何其他因素更为强烈。目前的研究发现，9％到25％的表现差异是由智力决定的。平均而言，头脑聪明的个体在任何工作、任何环境中的表现都会超过不怎么聪明的个体。这点是非常明确的。

也许你认为某些人的聪明显示在了某些特定的方面——比如强大的语言能力或量化的技能可以弥补一个人较为低下

的一般智力。与具有高智商相比，这些因素能够构成某种独特的优势吗？研究发现答案是否定的。一般智力水平仍然是关于成功的最佳预测因素，而专注于某种特定的能力，即使它们似乎与某人的工作有相关性，也不能构成任何显著的优势。

与智力相比，经验的影响也同样如此。虽然一个经验丰富的人会比一个经验较少的人表现得更好，特别是在工作的头几年，但是随着时间的推移，这种差异也会随之消失，一般智力仍然是判定一个人表现好坏的最强大的因素。

既然有了这个压倒性的证据，为什么不通过智商测试来选拔人才呢？尽管一般智力是预测业绩表现的最大的单一因素，但它对业绩表现差异的决定作用很少能超过25%。因此，如果我们完全依赖智商，我们会忽略对持续的高绩效起促进作用的其他大多数因素（它们对一个人的潜力发挥着极为重要的影响）。此外，对于任何给定的工作，内部候选人的池子里可能已经都是一般智力水平较高的小部分人。你并不是要试图区分哪些是候选人是聪明的，哪些是不聪明的，你所要做的是试图了解每个聪明人之间的细微差别。在智慧超群的人群中，智力的差异并不是预测表现的强有力因素。这也就增加了以下两个因素的相对重要性。

某些人格特质至关重要（但大多数并不重要）

研究表明，一般性格测试对于预测工作绩效具有较小但
递增的能力。虽然这些结果往往局限于特定的情况或工作类
型，但人格特质中的责任心（具有较高的自律性、谨慎性、
彻底性、组织性等）始终能够解释所有工作类型中的业绩表
现差异。关于它的确切影响所做的研究各不相同，但5%到9%
的工作绩效差异可归因于这种特质的不同水平。

员工与公司的契合度

个体对自己是否适合组织是有着直观感受的。员工似乎
以类似的方式分享他们的价值观并处理事情，这是很自然的。
在一个称为"人与组织契合"的领域，有趣的科学解释了这
些感受以及它们是如何影响成功的。人与组织契合的基本前
提是，如果人们珍视的或认同的价值与组织或工作的各种属
性之间存在更高的契合度，那么人们的满意度会更高并愿意
留在组织中。这些组织属性包括文化、价值观、职位和领导
等方面。契合度和结果之间的相关性，如留存度或满意度等

是不太大的，但具有统计学意义，因此在尝试预测个体的长期表现时，契合度是值得考量的。当我们在第六章讨论胜任力时，会再次讨论到契合度。

第二步：化繁为简，增添价值

一个简单、直观的工具可以使管理者轻松地进行人才盘点，但其真正的力量来自于严谨的和规律性的执行。当你将这两个要素有效结合起来时，你已经为人才管理中的其他事项奠定了坚实的基础。尽管该工具及流程简单易懂，但依然值得细说，因此我们将讨论分为两部分 —— 一部分讨论工具，另一部分讨论流程。

化繁为简

有效的人才盘点流程会使用最少的数据来做出正确的决策。我们已经在不止一个组织中看到，每当进行人才盘点时，其所需的信息塞满了厚厚的活页夹或存满了整个 U 盘。这些材料中的大部分都很有趣，但让流程保持简单意味着要理解每个部分在价值－复杂性曲线上的位置。我们接下来将讨论以最佳方式保持这种平衡的工具和流程，以及有效管理该流程的实用建议。

使用绩效和潜力（P×P）表格。没有比在P×P表格上绘制图表这种方法更容易区分员工了（见表4-1）。

表 4-1 绩效和潜力表格示例

潜力

		最低潜力评级	中等潜力评级	最高潜力评级
一段时间内的绩效	最高	Stewart Griffin Chloe Kiton Max Kaatikoos Linda Thornton	Lui Zhang Ricardo Acelero	Joe Bobson MaryEllen Chang
	中等	Marie-Pierre Dumas Robert Smith Alexis Watanabe Lauren DeBussy Alisa Dracon Thomas Hildon Juan-Carlos Mesia	Cristiana Gomez Charles Reilly	
	最低	William Schmidt		

顾名思义，在P×P表格中，一根轴用来衡量绩效，另一根用来衡量领导者在公司中发展的潜力。如果你在同一页面上添加了一些关于现有人才的摘要声明，那么你已经获得了成功进行人才盘点所需的90%的信息。根据雅芳产品公司的吕西安·阿尔齐亚利的说法，"我不确定（在人才盘点中）

120

除了九格'绩效和潜力'表，你还需要什么。它非常简单，使用的是可定义的术语，并迫使人们进行选择和区分"。

从 OPTM 的角度来看，这一工具可能是简单性和价值的终极组合。为什么要使用它的答案很简单。管理者的精准性可以随着实践过程而迅速提高。管理的负担很小，因为普通管理者在两分钟或更短的时间内便可以将他的整个团队界定在方框里，最终可以使管理者将其组织的发展资源分配到将发挥最大影响的员工身上。这些因素的组合使该表格成为一个强大的，但必须谨慎使用的工具，因为对领导者潜力的错误评估会对其职业生涯造成长久的损害。

保持 P×P 表格的简单性。首先需要在 P×P 表格上确定需要衡量的不同业绩表现和潜力的类别。有些表格为每个标准都设置了多达五个级别，区分员工的方式加起来共有二十五种。在这种情况下，复杂性肯定超过了价值本身。使用表格的主要目的是帮助区分对人才的投入。任何一家公司的投入方式都不会多达二十五种。业绩类别和潜力类别各为三种就足够了；四种也可以，但不会增添任何价值。对于潜力的类别，第一种类型可以是"已经到位"。这里你需要确定包含的时间段。

接下来的两个类别是具有意义的等级，体现一个人在公司中晋升的程度和速度。要想确定这一点，一种方法是盘点当前高层领导团队的职业发展，并绘制他们如何在组织中流动的路线图。如果他们每两年都能向上晋升一个级别，你就可以用此作为标准，用晋升速度判别出高潜力者。

在这个方面的标签集没有正确与否，但迭代在这里是没有益处的。部门经理不希望看到每一年关于潜力的定义都不一样，如果你没有一以贯之的衡量标准，你就无法跟踪个人的发展。

评估发展的潜力。当我们说潜力时，我们指的是职级上升的潜力，与判别社交智能、抱负、价值观或其他尺度的潜在素养的组织形成鲜明对比。这些尺度很有意思，但不一定实用。人才盘点是一种继任规划工具，因此除非晋升的潜力得到了评估，否则该工具的价值将大大降低。

确定某人是否有可能在组织中晋升有两种方法。一种方法是归纳式地（inductively）建立标准，描述高潜力者应具备的能力或素养，以此为基础对领导者进行评估，然后将具有这些能力的人标记为高潜力者。那些认为高潜力评估或与精细的胜任力模型相契合可以准确预测谁将在公司中获得晋升的人会采取这样的方式。

简而言之，如果某人与该模型契合，那么根据定义，就意味着他们在组织中具有高潜力。

第二种方法是演绎式地（deductively）要求领导者判别出他们认为具有高潜力的个体，然后确定他们用于做出选择的标准。例如，如果我们说Sue和Bob具有很高的发展潜力（他们都位于P×P表格中的第一栏），我们应该能够识别出使他们与那些只具有良好发展潜力的人（表格中的第二栏）有所区别的重要因素。正是这些少数的差异化元素指向了高潜力。

许多人力资源从业者对归纳法感到最舒服。然而，演绎法更有效，这主要是基于一个关键事实——个人的潜力可能是高度情境化的。正如我们在科学部分所讨论的那样，高潜力并非是一种恒定的状态。成长型企业的领导者可能不具备成为转型组织中的高潜力候选人的技能。与创业公司文化相契合的人可能会发现要适应更为官僚主义的文化是具有挑战性的。

或者，公司可以每隔几年调整一次领导力行为模型以反映这些变化（这或许是合情合理的），但在公司将这些变化制订为新模型之前，演绎式人才盘点对话很可能早就识别出了这些变化的要求。从本质上讲，当你对特定的环境获得了足够多的了解，可以着手改变胜任力模型时，这个模型已经滞后了，无法对当前环境中的高潜力者选择施加影响。这是要保持该模型简单且广泛适用的另一个原因。

在"如何进行人才盘点"部分中，我们会详细描述如何进行人才盘点会议，以判别这些高潜力者身上反映出的少数差异化因素，以及如何确保高潜力员工与公司以外的员工相比是具有优势的。

如何进行人才盘点

人才盘点评审流程可保证客观的绩效和潜力的评估、明确的发展计划，以及了解贵公司对高潜力者的定义。评审会议要召集一名管理者和他的团队成员共同讨论他们的人力现状。每个团队成员都会展示他为直接下属们准备的绩效和潜力（P x P）表格，并简要描述每个人的评级。其他团队成员根据他们与该员工的亲身互动提出意见。参会者在讨论完每个员工后，就每个人的定位达成一致并明确他们的关键发展步骤，会议结束。

人才盘点评审会议包括三个基本行动。

行动 1：告知和培训管理者

告知管理者流程。向管理者们解释，人才盘点的目的是评估员工的素质和深度，以便他们能够为继任进行规划并对人才发展方面的投入方式进行区分。告诉他们你想以最简单、最公平的方式做到这一点，因此你要使用绩效和潜力表格——许多组织使用的标准工具。你可以提供简单的流程图或流程中涉及的活动列表。

培训管理者了解工具和流程。创建一个空白的 P x P 模板，一个已完成的 P x P 模板，以及描述每个 P x P 标签的一页纸说明（参见表 4-1 中的示例）。告诉管理者们他们需要依据自己掌握的绩效、行为、职业兴趣和组织需求的事实，将每个员工的评级标记在这个表格里。确保他们明白自己应该掌握事实，以便他们可以在评审会议中为自己的评级提供论据。

行动 2：召开评审会议

为会议中参与评审的每个员工安排至少十分钟的讨论时间。

讨论每个管理者的 P x P 网格。每位管理者都会展示准备的表格，简要描述每位直接下属以及对其评级的依据。

接下来，团队成员要说明他们对该评级结果是否赞同。任何持不同意见的人都要给出自己的事实依据。该集体将共同决定最终的评级；这是评审过程的美妙之处。通过综合关于每个员工的不同观点来抵消个人偏见和政治因素。

同意关键的发展活动。评审团将对每名直接下属的一或两个重要的发展规划进行讨论。发展规划包括在当前职位的发展、特殊项目、辅导、工作影子计划或任何其他典型的发展活动。如果没有时间为每个直接下属讨论这个问题，至少要重点讨论那些潜力巨大且业绩最好的员工。

审核该团队的整体表格。一旦讨论完所有员工的表格，团队应该审核包括了所有人的总结性表格。该审核允许团队对其所有直接下属进行最终评审，并确定出最高潜力者栏中的差异化因素。该团队要将高潜力者一栏中的每个人进行比较，并确认每个人的业绩表现和潜力都处于相对一致的水平。该团队是否同意这一栏中的所有人都有相对同等的晋升潜力？

演绎式地对高潜力进行定义。一旦团队就表格上的最终评级结果达成一致意见，你就可以梳理出用于区分高潜力的因素，并要求管理者们将高潜力栏中的那些与具有相似业绩表现但潜力相差一档的人员进行对比。可口可乐公司（印度）的人力资源负责人P.V.拉马纳·穆尔西表示："管理人员往往将强劲表现视为具有潜力。"这个过程应该有助于找出差异。要自忖为什么那些低一级的人不属于高潜力者。通过这个讨论，你最终应该列出一系列因素，以区分部门或团队中的绝对最优秀的人才。

行动3：记录和跟踪发展活动的进展情况

记录所有发展活动。虽然每个团队成员都有责任跟进直接下属的发展活动，但人力资源负责人或其他负责人应该保留这些活动的主列表，以便在下次会议上跟进。

跟踪并提供有关发展计划的指导。在进行完人才盘点后，人力资源负责人应跟进每个团队成员，以便对所有发展活动的规划和执行提供帮助。

促成有效盘点的保证

开诚布公的对话并不容易，但是如果你想从这个过程中获取价值，这种对话是至关重要的。如果贵公司的领导者从未觉得有讨论人才的必要，那么他们在第一次经历这个过程时会感到不适。最初，领导者们可能会玩任何常见的游戏——

通过给员工评级过低来隐藏优秀员工、"如果你不对我的员工指摘，我也不会说你的人坏话"、让个人人际关系影响排名、因担心对个人产生影响而避免评级过低，等等。人力资源或人才领导者应该促进这种讨论，并在谈论人才时质疑那些看起来不那么透明的人。需要历经几轮的过招后真正的透明度才会开始萌芽。

举行半年度人才盘点的另一个好处是领导者会在实践中进步。如果你在两年内进行四次讨论，领导者将会明显改进，并且很快就能更加适应开放、坦诚的对话。

评估一段时间内的绩效。P×P表格上的另一个轴衡量的是绩效表现，这是一个更为直接的指标。我们要看一下某位员工过去三年的平均绩效，因为每个人偶尔都会有一年表现得突出或不那么突出，这并不能代表真正的能力。你可以使用平均两年、四年——或任何最适合你所在企业的年度周期。它可以是一个数学平均值，可以去除决策过程中的一些主观性，或者你可以让管理者们自行决定这个周期。正如我们稍后讨论的那样，由于管理者们必须为自己给主管和同事们评定的位次辩护，因此制度内会自然建立起核验和平衡。

最后，确定绩效表现的类别（高、中、低；前20％、

60%的中等、后20%），以确定每个人所属的位置。你的选择应遵循你为各栏里的人员制定的行动和投资（见表4-2）。例如，如果你计划辞退绩效表现最差的员工，而不仅仅是要知道哪些人是属于后20%的员工，那么明智的做法是被归入最低档类别中的员工数量要较少。

表4-2 人才投资表格示例

	最低潜力类	中等潜力类	最高潜力类
最高绩效 20%	薪酬目标： 基本工资50分位，奖金75分位 发展投资：平均值的1.5倍 高潜项目：否 接触CEO/董事会：或许 全球流动：否 特别项目：是	薪酬目标： 基本工资50分位，奖金75分位 发展投资：平均值的2倍 高潜项目：考虑 接触CEO/董事会：是 全球流动：是 特别项目：是	薪酬目标： 基本工资60分位，奖金90分位 发展投资：平均值的5倍 高潜项目：是 接触CEO/董事会：是 全球流动：是 特别项目：是
中等绩效 60%	薪酬目标： 基本工资50分位，奖金50分位 发展投资：平均值的0.75 高潜项目：否 接触CEO/董事会：否 全球流动：否 特别项目：否	薪酬目标： 基本工资50分位，奖金50分位 发展投资：平均值 高潜项目：否 接触CEO/董事会：或许 全球流动：考虑 特别项目：是	薪酬目标： 基本工资60分位，奖金60分位 发展投资：平均值的2倍 高潜项目：考虑 接触CEO/董事会：是 全球流动：是 特别项目：是

最低 绩效 20%	薪酬目标: 基本工资 50 分位, 奖金 - 无 发展投资: 未经 TM 允许不得投资 高潜项目: 否 接触 CEO/ 董事会: 否 全球流动: 否 特别项目: 否		

考虑行为模型。在你所在的公司里,如果领导者的行为方式很重要,你应该在人才盘点讨论中将这些行为用作屏障。领导者与组织的价值观或行为模式保持一致的能力是衡量契合度的一个很好的指标。但是,你应该将这种能力和你认为重要的其他变量相结合进行考虑,因为它只是判定潜在成功的指标之一。

依据真实的机遇定义潜力。如果某人的职级已经到达天花板,如果在那个职级上没有适合他的岗位,或者他不愿意前往那个岗位的驻地,那么对于此人而言,在三年内他很难有晋升一级的潜力。管理者应该能够描述任何具有上行潜力的人在实际环境中可以跻身的职位。对为什么玛丽能够或不能在三年内成为首席财务官进行辩论将比对她的潜力进行理论上的讨论能产生更好的结果。

使用流动性作为决定潜力的因素。流动性问题经常出现在讨论谁有可能晋升的问题上。由于对发展潜力的定义是在组织中得到晋升（记住这应该是一个实用的继任计划工具），如果人们无法为了一个岗位重新搬家或满足更高职位的其他要求，那么他们已经自行将自己排除在高潜力者群体之外了。

在现实世界中，人们的搬迁能力会受到临时的束缚。如果鲍勃的孩子正上高中，并将在三年内毕业，且他愿意在孩子毕业之后搬到伦敦，那么他可能是一个具备高潜力的候选人。如果鲍勃已经积累了海外经验，现在仍供职于同样的办公地点等待为数不多的潜在职位，那么也不会存在缺乏流动性的问题。然而，即使每一个晋升的机会都已经具备了，但如果鲍勃表示他永远不会搬到伦敦，那么他已经自动将自己从高潜力池中排除了。

使用基本继任表格。显示组织中的人才深度不需要将厚厚的资料汇编拿到桌上。除了职位继任候选人的名单以及他们距职位的要求还有多远之外，你几乎不需要其他任何信息。其他任何信息应作为人才盘点的一部分进行报告并采取行动。如果 HR 技术允许你以图形的方式显示此信息，请使用最适合所在公司的方式（见图 4-1）。

营销 - 西欧

副总裁 - 营销
Roberto Calibri 合格
Susana Botcho 合格 2 年

销售总监
Santos Marcos 合格 1 年
Maria Elephante 合格 3 年

设计总监
Lacy Warren 合格 2 年

推广总监
无候选人

项目经理
Electra Rockes 合格
Melanie Naldo 合格 1 年

西班牙 / 葡萄牙营销总监
Heinrich Losser 合格
Pierre LaBoulle 合格 2 年

法国 / 德国营销总监
Yvette Dur 合格

图 4-1　继任计划表

举行评审会议。这些会议是保证人才盘点成功的最重要的因素。正如我们在"如何进行人才盘点"中所详述的那样，在评审会议上，一位管理者和他的直接下属们要系统地讨论他们的每个成员。该团队就每位员工的最终 P×P 位次进行辩论并达成一致，并承担位次评定的责任。团队讨论或评审有助于消除任何一位管理人员的偏见。评审讨论也可以让团队对他们所不了解的领导更为熟悉，并就个人和整体人才发展计划达成一致。

你或许会认为评审会议仅用于遏制高估其团队成员的管理者。其实它们也有助于让被管理者们试图牢牢握紧，但从不公开承认他们是高潜力候选人的那些高素质人才曝光。

　　每年对所有管理人才进行两次盘点。如果你处于一个快节奏的行业，变化是永恒的（谁又不是这样呢？），那么每年只检视一次员工似乎是很不寻常的。人才盘点应该是一个契机，借以评估之前所做的人才投资，以及这些投资是否获得了回报。盘点可以让管理者们对他们所承诺的发展行为取得进展负责，并且有机会讨论任何新的发展任务或其他活动。如果你已经将我们的方法用于人才盘点流程，并减少了管理者们在其中所投入的时间和复杂性，那么要求他们每年进行两次讨论的要求听起来就是合理的。

　　积极管理"平均绩效，平均潜力"栏。这个话题引发了部门经理和人力资源领导者之间激烈的争论。让人们在工作中处于有利地位并且业绩表现达到期望值并没有错，但他们或许不应该永远处于同一个位置。这样可能会导致许多的负面后果。其中之一的后果是对人才接替其他工作的可能性造成了阻碍。百事公司组织和管理发展副总裁艾伦·丘奇说："组织与阻碍晋升的人的斗争比人才管理几乎任何其他方面都要多。"

　　如果无法排除这些人的干扰，组织执行发展计划的能力就会受到严重削弱。例如，假设一家公司有两个营销经理，成为营销经理是未来晋升为品牌经理的绝佳基础，那么让并不具备晋升潜力的人担任该职务就会阻碍公司培养其真正所需的品牌经理。另一种后果是，该公司可能正放弃让一名优秀人才担任此职位所带来的良好业绩。平均绩效表现者与前十名的表现者之间的业绩差异是巨大的。继续让平均潜力和平均绩效表现的员工留任任何职务，就意味着企业愿意在很长一段时间内牺牲高绩效。

如果你正在培训一名新的领导者，或者有其他合理的理由，那么这种牺牲或许是一种明智的投资。但这种选择应该有特定的目标和时间限制。你是否想要完善玛丽的营销能力？这个职务有助于哪些能力的培养，需要多久的时间？这并不意味着每个人都需要随着时间的推移具有高绩效且具有很高的发展潜力。但标有"中等"的那一栏必只能被视为是一个不错的去处，但并非是一个永久停留的好地方。

跟踪并跟进每个人才盘点决定。你已经投入了大量精力就公司员工，以及如何最有效地开发和部署这些员工进行全面、准确的讨论。跟踪和跟进每个行动项将有助于你获得最佳的投资回报。每次参与评审的人力资源或人才领导者都应该跟踪所讨论的行动项目。他应该与每位管理人员确认这些项目，然后在下次评估时检查进度。在问责制部分，我们将讨论如何确保领导者对其团队成员的行动项目向前推进负责。

与流程中应该设置哪些内容一样重要的是删繁就简。以下是在绩效评估期间不应该做的事情。

不要创建过于详细的个人资料。使用所需的最少信息来做出正确的决策有助于确保复杂性被摒弃在流程之外。员工资料的使用是为什么在流程中加入任何额外信息都需要谨慎的一个例子。个人资料是关于员工的摘要，其中列出了有助于人才盘点流程的信息，包括履历、优势、发展需求等。将这些信息纳入人才盘点讨论中似乎是合理的，但让我们考虑一下背景资料真实的价值。它是否用来解释为什么将其放入特定一栏的原因？不，这是主管的责任，而且表格上没有足够的信息来解释它。它是否用于让桌上对他不够了解的人了解他？但是如果他们对这个人不够熟悉，他们就不应该在P×P表格上给出自己的意见。如果他们只是想更好地了解这个人，那么可以在盘点之后将其资料发送给他们，或者更好地方法是安排一次会议或电话沟通。

不要为P×P中的每一栏创建花哨的标签或定义。摒弃任何并非简单明了，而是需要解读才能明白的人才实践中的任何要素。人们分配给 P×P 表格的可爱标签绝对属于这一类。将低潜力和高绩效的人标记为"高影响力的表现者"没有任何意义。将具有高潜力但低表现者标记为"谜"也是如此。(两者都是我们在网络上快速搜索时找到的真实标签)。

类似地,对特定一栏的一句话描述往好了说是冗余的,往坏了说则是带有误导性的。标有"平均绩效"和"平均潜力"的一栏就属于这种情况。如果为了记忆方便,可以将其称为第六栏、第九栏或第三栏,但不要在里面加入这句话,"这些人在近期不太可能提升一个水平,但随着时间的推移已经显示出介于略低于和略高于平均水平的表现"。我们已经明白这一栏代表的意思,我们可以阅读每一栏上的标题。随着盘点讨论的展开,任何更深层次的描述会自然地出现。

不要使用标准化测试来预测潜力。如果潜力的高低取决于企业的独特方面及其战略,那么仅凭一项标准化评估又怎能预测不同公司所定义的取得成功的高潜力? 一些咨询公司兜售自己的测试,并保证他们能够预测哪些人具有高潜力而哪些人没有。正如我们在科学部分解释的那样,这种做法缺乏完全的学术研究作为依据。评估所能达到的最好的结果是将"小麦与谷壳分开",但它不会告诉你哪种是适合贵公司的最优质的小麦。"评估或许能预测广泛的能力，但它们无法甄选出适合组织中特定工作或工作类别的人才。"百事公司的艾伦·丘奇说。在招聘决策中使用评估作为参考可能具有一些价值，但在这里它们会增加复杂性，甚至可能引导你做出错误的决定。

标准化测试同样是一种拐杖，而不是一种工具，管理者们不能用它来代替制定自己的人才决策。管理者的工作就是充分了解人，以便对他们的发展潜力有所判定。授人以鱼不如授人以渔。如果你给他一根依靠的拐杖，他将永远学不会独自行走。

IBM 的五分钟演练：团队负责、严格的流程

人才盘点是评估领导者潜在行动的最佳方式，但该过程可能会在几次盘点会议之间失去纪律性。IBM 通过五分钟演练来解决这个问题。据业务和技术领导力副总裁麦克·马克维茨称："如果你是一个业务部门的高级副总裁，你想要将某人降职一级——IBM 的顶尖五百人里的任何一位——你不能擅自采取行动。你需要将建议提交给主席的员工会议，并附上对岗位的描述和候选人名单。"每个提案都要以标

准格式呈现，随后是高层领导之间的讨论，以决定这个行动对于个人和组织来说是否是正确的。在每个月里，每次由高层领导参加的员工会议的流程不变。

马克维茨承认，虽然名字是五分钟演练，但实际的讨论可能需要长达六十分钟。我们认为五分钟演练是OPTM的一个很好的例子，因为它：

- 在组织的任何级别都易于理解。
- 在每个部门使用一致的流程。
- 拥有顶级团队的支持。
- 没有繁冗的案头工作。
- 每个人都需要。

增添价值

通过以易于理解的格式汇总复杂信息，绩效和潜力表格为人才盘点流程增添了最大价值。同样的格式可以帮助管理人员和人力资源部门了解如何对员工进行投入并确定这些投入是否有效。

人才盘点提供了九种不同的绩效和潜力类别。公司对每个类别的投入方式将决定如何有效和快速地建立更好的员工队伍。规则之一是公司应该对每一栏中的员工实行一致的投入理念。同一栏中的每个人得到的投入不会完全相同，但差异应该落在一个狭小的区间内。对他们的投入也应明显区别于其他栏的投资。管理者对这一主题的思考越清晰，就越能更明智地制定出人才投入的决策。

我们建议使用我们之前讨论过的人才投入表格，它反映了 P×P。这个表格应该是高管团队和人力资源部门之间讨论的结果，它决定了差异化和投入理念。例如，对具备最高潜力的人才的投入是否应该比普通人才多出 50%？或者 100% 甚至是 500%？领先领导力公司调查发现，最擅于发展人才的公司比普通公司对员工的待遇更具有差异性。一家企业最终采用的方法应该旨在夯实业务方向和企业文化，或者，如果它试图改变其中任何一个，那么应该致力于强化新的方向和理想的文化。

我们建议在某些方面实施差别性待遇（为了便于讨论，不贬低我们所谈论的人，我们使用"栏"作为指代）。

·发展投入。哪些栏能够获得最佳任务？谁有资格获得外派任务？谁首先被选入重要的公司项目？谁首先被选中参加领导力发展计划？谁有资格接受外部教育？你不需要为每项投入制定具体的指导方针，但应该明确你所认为的最重要的投入。

· 薪酬投入。应该使用哪些类型的薪酬来区分，以及差异性的范围应该是多少？领先领导力公司调查发现，与其他公司相比，顶级公司于其他公司在如何奖励潜力者方面的差异是有趣的。非顶级的公司更频繁地使用基本工资和年度激励作为奖励，但顶级公司会更频繁地使用长期激励措施（期权、限制性股票、股票赠款）。顶尖公司对员工的区别化待遇更明显：67%的顶尖公司会给予高潜力领导者价值超过80分位的长期激励。只有28%的非顶尖领导力公司遵循类似的理念（见表4-3）。

表 4-3　顶尖公司人才投入的差异化方式

在薪酬与领导者潜力挂钩的公司里，薪酬类型包括：	顶尖公司所占百分比	非顶尖公司所占百分比
基本工资	53%	78%
年度激励	53%	72%
长期激励	87%	53%
股票赠款	60%	28%
期权	100%	65%
限制性股票	100%	44%

· 高层团队和董事会投入。高管团队的时间是一种有价值的商品，因此你应该像其他任何投资一样谨慎地区分这项投入。谁有资格获得高层团队的指导？谁需要接触董事会？当董事会成员和高管在世界各地出差时应该与哪些人见面？

第三步：创建透明度和问责制

当我们讨论透明度和问责制时，一些争论已久的问题，如"你会告诉他们吗？""你如何能让他们跟进？"便会浮现。一如既往，我们建议采取最大限度的透明度和问责制，从而创造出最成功的流程。

透明度

确保高潜力员工知道自己拥有很高的潜力。人才盘点讨论的一个结果是，至少有一个人可能被评为高潜力员工。而下一步该采取的做法似乎引起了人力资源专业人士的极大焦虑。前美国银行的吉姆·尚利对这一状况做出了很好的诠释："1989年，我和一位同事会参加各种人力资源会议，当听到'告知或不告知'的问题时我们都对此感到失望。那是20年前，如今我们的专业内部仍然不能就此达成一致！我个人的理念是人才实践应该非常透明。"

我们认为这个问题并不复杂，并且想知道为什么它变成了人力资源领域热议的话题。在心理学会的安·比蒂看来，"公司担心，如果你告诉某人他是一名高潜力者，对方便会产生优越感，并且一旦他不再保有高潜力会很难对他启齿。对于那些潜力较小的人，公司则担心如果他们知道这一点便会离职。这两种担忧都被夸大了。"

OPTM 的观点是每项人才实践都要从一开始就保证100％的透明度，并且只有当具备极其充分的理由时才能改变这一点。因此，没错，我们确实相信高潜力者应该明白，公司认为他们的未来是光明的，且公司计划对他们的职业生涯进行大量的投入（如果这是真的）。这种做法的有效实施意味着要对对话进行谨慎的管理。

讨论承诺和投入，不一定分享标签。

无论潜力如何，所有员工都想知道他们的雇主在自己的职业发展中会做出什么样的投入。在没有承诺的情况下传播标签弊大于利。在人才盘点后与高潜力员工的对话内容应该与任何其他员工的对话内容相同："这些是刚才我们所讨论的你的优势和发展需求，这是我们所认为的潜在的职业发展路线。"如果你不分享实际的标签，衡量人才盘点后的对话成功与否的一个不错的指标是，员工在讨论结束时是否可以准确地判定自己在 P×P 表格上的位置。

关于这个建议的唯一警告是，如果你不打算对高潜力员工进行明显的差异化对待，就压根不要展开对话。如果你告诉高潜力者他们对公司价值重大，而对方在第二年并没有看到公司付诸任何行动表明对自己的重视，那么你注定会很快失去他们。

平衡对话内容。任何人如果不断被人像摇滚明星一样对待，他的自我就会膨胀。高潜力员工也不例外。与他们对话时，需要在他们将获得的好处与他们将担负的额外期望和责任之间把握对话的平衡。以下是我们构建的对话示例：

玛丽，我有一些不错的反馈给你。在高管团队的人才盘点中，每个人都认同你具备在公司中快速、大步提升的潜力。我们准备在未来几年内对你进行可观的投入，使你的能力继续得到发展。这个投入可能包括全球任务、更多地接触高管层和董事会、参与我们的高级领导力计划以及我们认为将有助于你加速发展的其他方式。

如果你想借助这些投入，我们希望你明白，它会将你置于追光灯下。如果你成功了，你会声名远播，这会对你的职业生涯产生重大影响。但反之亦然。这是对你潜力的投入，因此我们会对你的潜力进行持续的观察，随着时间的推移，我们可能根据你潜力的变化增加或减少投入。因此这个投入并非是一成不变的。此外，即使你已经知道了你是我们最优秀的员工之一，我们依然希望你能够以谦虚和成熟的态度对待这些信息。

要同样告诉其他人。适用于高潜力员工的规则应适用于每位员工。如果在人才盘点中讨论了某个人，那么应该将讨论中的一般细节告诉对方。虽然并非所有对话中的内容都需要分享，但适用于高潜力者的标准同样适用于所有员工。在谈话结束时，他们应该能够判定自己在 P×P 表格上的位置。

当我们建议要设置这种层级的透明度时，人们通常会提出一些关切的问题。一个担忧是管理者没有为这些类型的对话做好准备。这或许没错，但它不应该减慢流程的进度。你有一整套的选择可以使用，包括做出必须开展对话的简单指示和对每位管理者进行全方位的培训。你应该做出对组织最有利的选择，但该选择不应对流程的实施造成有意的拖延。比起对话的缺失，员工们反而可能非常重视对话的机会，无论其质量如何。

另一个担忧是"人们知道自己是最优秀的人才后便会跳槽"，或者，"人们知道自己只被认为具备平均潜力或低潜力便会离职"。通过开诚布公的方式，你正允许员工对自己的职业发展做出决定。你现在像成年人一样对待他们。你仍然可以使用大量工具来留住想要留住的员工。

共享所有的表格和说明。通过共享所有的模板来创建透明的人才盘点流程。员工在看到这些材料时可能会提出一些棘手的问题，但这比让他们自己猜测流程或者填写缺失的信息要好。流程越透明，你就越能表达出对员工的信任。

几年前，马歇尔·戈德史密斯提出了一个重要的警告，"透明度和完全披露不是一回事"。我们鼓励公开分享信息，但员工不需了解每一个字眼或关于他们潜力的每一个想法。

问责制

管理者必须告诉员工人才盘点的结果。清楚地告知管理者他们在这个流程中承担的责任；他们应该与每个接受评估的员工进行对话。如果你将人才盘点流程与发展计划或绩效评估流程相结合，那么管理人员只需要进行一次对话。

为了使自下而上的问责制发挥有效的作用，员工应该知道评估的时间以及他们应该对管理者抱有怎样的期待。CEO或业务部门负责人对该流程的解释说明体现了他们的承诺。它提醒管理者注意他们需要进行这种可能艰难的对话，因为不仅他们的员工期望他们这样做，而且如果这种对话没有进行，他们有权通知 HR。

管理者必须跟进发展规划。人才盘点流程的一个价值是了解员工的素质和深度。然而，除非管理者对评估中商定的发展活动采取后续行动，否则员工的素质和深度是不会得到改变的。美国运通的凯文·考克斯说："我们（人力资源部门）仍然需要说服一些部门经理相信伟大的领导者并非天生的。"这意味着人力资源在加强持续的发展行动的需求方面发挥着关键作用。在人才盘点对话之后，人力资源经理或人才经理应该拿到为每个员工商定的发展活动清单。他应该跟进所有管理者，以确保他们理解自己的职责并为其提供帮助以促进发展规划的启动。

此时，管理者正式注意到，这些活动（纳入他为团队成员规划的任何其他事项中）将会被跟进并在下一次人才盘点时进行报告。这里的责任杠杆很简单：避免尴尬。如果

CEO、部门主管或地区经理让他的团队成员们对这些行为承担责任，并在下一次人才盘点时询问他们是否已完成这些行动，那么出于维护个人自尊心的考虑，他们会让自己避免出现尴尬的场面。

总结：OPTM 人才盘点和继任计划流程

简单的工具、坦诚的讨论和严格的后续行动定义了
OPTM 人才盘点和继任流程。如表 4-4 所示，该流程通过关
注绩效和潜力的矩阵，而非一堆有趣但无关的信息，并将其
作为关键工具，从而省去了额外的案头工作和冗长的准备工
作。通过涉及每位管理者的严格的、定期的和透明的人才盘
点流程，它可以加快培养领导者的过程，并通过让领导者对
执行过程承担责任来确保成功。

营销－西欧
晋升潜力
长期绩效

表 4-4　人才盘点表格

	最低潜力评级	中等潜力评级	最高潜力评级
高	Hans Schuler Marta Licht	Lacy Warren*	Yvette Dur
中	Richard Willow* Jean-Marc Allesi Maria Siena Antonio Soliel Stephen Broadly	Fernando Toro Henry Frittes*	
低	Heidi Schuss		

* 代表自上次盘点以来的评级变化

两个关键的人才问题

1. ABC 公司雇用了 8 个营销团队成员，包括一名副总裁和两位总监。薪水是关键问题！

2. 总监职位的继任力量依然薄弱，因为经理们并没有如预期那样快速成长。

主要人才行动以及原因

·将 Franco Plage 派往巴塞罗那中心领导西班牙的店内销售——发展派遣

·Maria Suzette——为期 3 周的项目以支持 OH!Cereal 的发布活动——新品牌发布的经验

·Francois deBeer——因绩效终止合同

·Tim DuR ocher——聘为设计副总裁

未来人才行动以及原因

·Yvette Dur——晋升为欧洲营销副总裁 -2010 年 12 月

·Heidi Schuss——若绩效无改进则终止合同 -2010 年 12 月

·Henry Frittes——引荐给高管团队以对其担任办公室主任进行评估 -2010 年 7 月

· Lacy Warren——2011 年 3 月前进入企业高潜项目

克服异议

仅靠使用 P×P 表格无法进行透彻的人才对话。没有提供足够的事实。

表格是支持对话的工具。管理者们有责任参加会议，并能够讨论每个团队成员的优势和发展需求。在演示文稿中添加多余的材料并不能改善对话。正如我们前面提到的，如果讨论的参与者不了解被讨论的员工，他们就不应该对其表现或潜力发表意见。在这种情况下，更多的材料也不会有益。如果对事实存在疑问，那么管理者有责任向团队展示或证明评级合理性的事实。

听到别人说自己没有潜力难道不会令人失去动力吗？

告诉某人它可能不会成为 CEO 和告诉他没有职业潜力之间存在明显的差别。几乎每个人在某个公司的某个时间点都会展示出某种潜力。潜力不一定在当下展现，或是在你所在的公司展现。潜力有限并不意味着人们没有机会继续为组织做出贡献。"当与 B 级员工沟通时，让他们知道自己是被重视的并且可以获得成长。"通用磨坊的凯文·威尔德说。

如果有人认为自己可以比现在更远更快地前进，现在是时候告诉他事实并非如此了，不管这么做会如何伤害他的感情。如果他仍然有可能在公司实现自己的职业目标，那么你就有机会向他展示这条道路并重新让他投入其中。如果他不打算在现在的公司实现自己的职业目标，那就给他一个在其他地方取得成功的机会。

具备平均绩效和平均潜力有什么错呢？不是每个人都可以进入第一梯队。

学者和从业者们经常提出这样的论点：一个组织里的人才不可能都是 A 级的或高潜力员工，拥有一群每天忠诚地出现在公司并完成工作的员工才是重要的。虽然绩效表现平庸没有任何问题，但在一个公司里这并不是一个非常稳定的状态。如果我们认为其他人可以比现有的 B 级员工在同样的岗位上学得更多，那么 B 级员工将会在某个时刻被调动（可能会被淘汰）。如果这个岗位是迈向更高职位的一个关键发展阶段，那么一个无法向上或横向流动的表现平庸的员工就阻止了其他人被培养的机会。

我们非常了解自己的人才。我们不需要进行人才盘点，因为我们总是实时评估我们的人才并做出决策。

实时的决策制定对于定期人才盘点流程来说并不是最理想的。你如何校准绩效和潜力？你是否了解员工的岗位流动可能会影响组织中其他可能的流动？部门对流动和个人成功的承诺体现在哪里？

评估人才盘点流程

你每年会开展至少两次人才盘点吗？

校准讨论是否是这个流程每个级别中的一部分？

在校准讨论中讨论的开放性和诚实性如何？

你是否确信表格评级是正确的？太高？太低？

每一栏的评级都会产生明确的结果吗？

不参加人才盘点流程的人对该流程的理解程度如何？

是否与所有在人才盘点中的受评人都进行了沟通？他们是否知道自己在表格上的位置？

第 5 章

使命驱动：好管理就是激活团队能量

盖洛普 Q12 调查问卷的发布立即在全球提升了员工观念的价值。盖洛普的声明是一项包含了 12 个问题的调查问卷，它可以预测关键的业务结果，如员工流动率、客户满意度和公司盈利能力，这表明人力资源的圣杯已经找到。终于，员工态度具有可衡量的财务影响有了定量证明。

　　盖洛普的研究提升了对敬业度潜力的认知，但《哈佛商业周刊》在 1998 年刊登的一篇评论文章《西尔斯的员工－客户－利润链》（The Employee-Customer-Profit Chain at Sears）引发了对敬业度的广泛关注。该文章详细介绍了美国零售巨头西尔斯公司发现在其由 70 个问题组成的员工调查中，有 10 个问题可以预测客户满意度，并最终预测出收入。自此，企业和咨询从业者们纷纷在各自的领域内发现了敬业度与盈利能力之间关系的实例。

韬睿咨询（Towers Perrin）的全球劳动力研究发现，敬业度可以在一年期和三年期内增加财务业绩。盖洛普的研究表明，敬业度位于前四分之一的组织的盈利增长速度要快于敬业度低于平均水平的组织。它还发现，在研究期间敬业度位于前四分之一组织的每股收益要比竞争对手高出18%。

我们认为大多数人才管理从业者都相信提高敬业度可以实现改善关键的财务和运营业绩的业务目标。然而有趣的是，学术界对整个概念则持更为谨慎的态度；他们中的许多人认为这个概念完全是由人力资源咨询公司进行开发和营销的。虽然这些流程在组织中已经根深蒂固，但学术界现在要求从业者应该更精确地对敬业度进行定义。鉴于人力资源管理学会（SHRM）最近的一项研究发现，每个主流咨询公司定义敬业度的方式存在很大的不同，因此这个要求似乎是无可厚非的。

人力资源从业者和学者们使用不同的定义，这部分引发了关于敬业度的争议。在学术文献中，最常被引用的敬业度定义是"员工内心一种持续、积极的、带有情感激励的满足状态，以活力、奉献和专注为特征。"人力资源从业者们不太可能将这种描述视为敬业度。

其他问题则来自于学术界和从业者们用来证明各自研究主张的过程是不同的。虽然学术界通常会将他们的预发布研究报告提交给经同行评审的期刊进行核验，但大多数咨询公司都不愿意发布他们的数据以供独立审核。咨询公司的客户们并不坚持要看到经过同行评审的研究，并且由于大多数咨询公司都围绕自己提出的模型建立了产品，因此学术评审的来回拉锯似的对话对他们并无帮助。在美国经济咨商局负责敬业度培养工作的约翰·吉本斯说："咨询公司对于敬业度有自己的观点，他们不会接受任何与这些信念相悖的东西。"不论这些差异是语义上的还是源于根本上的不同，许多学者认为对敬业度疯狂跟风的潮流导致了在方法论上是如此的草率，以至于我们再也搞不清我们衡量的概念是什么。

我们的观点是，提高敬业度可以通过多种方式使企业受益。首先，我们认为敬业度和业绩之间存在因果关系。这些数据并非具有绝对的决定性，但二者之间的联系具有足够的指向性。其次，如果想全方位地聆听员工的心声并传递出你想要聆听的态度，没有比经常征求员工的意见更好的方式了。最后，你接收到的数据（如果遵循我们的方法）将为管理者提供具体的、有价值的信息，帮助他们更好地管理业务。这些要点使我们相信，敬业度流程是构建高效组织最有力的工具之一。

第一步：以科学为出发点

对敬业度的核心科学进行描述是颇具挑战性的，因为正如我们之前所讨论的那样，学者、顾问和从业者对其定义各执一词。然而，我们要做的不是等待共识，而是通过提供一个吸收了各种理论精华的简单标准来推动讨论。关于敬业度的一个实际定义是"如果一名员工愿意付出超越对自己岗位期待的工作，这种表现就是敬业。"如学术界和咨询公司研究表明的，这些超越行为似乎与敬业度有关，是我们在使用该术语时所指的行为。

我们如何在实际中衡量敬业度是面临的另一个挑战。学术文献中充斥着对当前的敬业度调查是否可以真正衡量员工的满意度、承诺或敬业度的讨论，以及争论每个概念含义的文章。差异并不像最初出现时那么显著，这主要源于两个原因。首先，我们知道敬业度和业绩之间存在因果关系。许多研究表明二者之间存在联系，尽管每项研究衡量敬业度的方式都不尽相同。因此，如果我们知道敬业度与绩效相关并且知道如何提升敬业度，那么把注意力放在关注敬业度的提升而不是争论精确定义方面就似乎更有意义。此外，我们知道这三个概念是密切相关的。满意度、敬业度和承诺的理论架构高度重叠，并可以产生相同类型的组织利益（例如，留用、良好行为、额外努力）。如果我们通过拉动杠杆来提升这些架构中的任意一个，我们就可能提升另外两个。

敬业度受多种因素影响

各种各样的因素——工作环境、工作本身、领导类型和个性——都会对敬业度产生影响。

工作环境。任何学习过本科心理学课程的人都会对弗雷德里克·赫兹伯格（Frederick Herzberg）的双因素理论有所了解。该理论指出，工作中单独的因素会导致满意（动机因素）和不满（保健因素）。赫兹伯格认为，员工的满意度取决于在工作场所中能否获得成果、得到认可、做有趣的工作，以及能否有进步的责任和机会。他提出，对这些方面的满意度会提升一个人的表现动机。

工作本身。员工工作的组织方式将有意义地推动他们的内部动机水平，这将有助于提升敬业度。理查德·哈克曼（Richard Hackman）和格雷格·奥尔德姆（Greg Oldham）于1975年提出的工作设计理论是人才管理的基本要素，为许多组织设计和组织发展活动提供了实践指导。这一理论告诉我们，工作本身可能是实现更高敬业度的一个关键因素。这意味着员工的个人敬业度是能够得到提升的，如果他的工作可以：

· 赋予自己使用不同技能的机会。

· 让自己从头到尾完成整个工作，而不仅仅是参与其中的一部分。

· 让自己从事自己认为有意义的工作。

· 给予自己组织工作的自主性。

· 给予关于自身效率的反馈。

领导类型。领导者可以通过多种方式影响员工的敬业度。当员工感受到领导对他们的关心时，他们更有可能会感到满意。具有变革风格（强烈的愿景、有效的沟通等）的领导者会增加追随者们的信心，从而增加他们的动力。富有魅力的领导者的能量更大，他们可以通过在情感和价值观上构成吸引从而对虔诚的追随者们形成激励。他们通过"改变工作性质，使其看来更加英雄化、道德正确和有意义"来提升员工的敬业度。

个性。一些人格特质赋予了天然的敬业度，因此可以让拥有这些特质的人比其他人更容易进入敬业的状态。研究人员发现，多种因素推动了天然的敬业水平，包括人们处于积极情绪中的频率（积极的情感），他们对于完成工作的专注程度（尽责），他们对塑造工作环境以反映自身偏好的意愿（积极主动的个性），以及他们在工作中的享受程度（自带目的性人格）。拥有这些特质的程度越强，就更有可能在几乎任何工作环境中保持敬业度，并不受任何影响他们敬业度行为的干扰。

敬业度和盈利能力相关

我们知道，敬业度与客户满意度和盈利能力等业务成果高度相关。各个因素之间的联系和驱动作用受到强烈关注，正引发学术界的广泛争论。2002 年的一项荟萃分析检验了盖洛普的数据，这项分析涵盖了 36 家公司的 7,939 个业务部门，并得出结论："从实际角度来看，员工敬业度与业务成果之间的相关性，即使是保守地说，也是重大的。"有人会认为盖洛普指数并不能真正地衡量出敬业水平，但我们会依据早先的评论并认为衡量出的结果与真实水平"已足够接近"。

仅仅一年之后，另一项大型研究（时间跨度超过八年，涵盖35家公司）发现，公司的业绩（每股收益和资产回报率）对员工满意度的预测要比满意度对业绩的预测更有力。综合文献中的这些发现，学术界似乎对"敬业度驱动绩效"的主张表现出适当的谨慎态度。

独立于其定义，咨询公司似乎对敬业度可以驱动绩效方面更有信心。许多公司着重指明，他们的敬业度研究证明了敬业度和绩效之间存在因果关系。虽然他们的结果听起来很有希望，但在他们尚未发布数据用于独立审查之前，你必须自己判断这些主张的真实性。

总之，学术界正在积极讨论敬业度的精准定义和影响。尽管正确做到这一点具有非常重要的意义，但我们发现各种定义中存在惊人的相似之处，并且当员工达到此状态时，组织会获益。幸运的是，在科学理论和当前实践的建议之间，我们明白构建敬业度的基石足以有助于衡量和提升敬业度。

第二步：化繁为简，增添价值

创建简单、强大的敬业度调查可以遵循一些基本的设计指南。

化繁为简

问题要尽可能的少。在 OPTM 方法中，我们始终要在我们需要的数据量和从中获取的价值之间实现平衡。对于敬业度调查而言，这意味着要求用尽可能少的问题来获得需要的答案。问题是，在进行调查并进行分析之前，了解哪些问题最有价值是非常困难的。如果我们依据科学理论，对有助于敬业度的每个因素都提出一个问题的话，我们的调查将会包括 300 个问题。那么，应该从哪里着手呢？

缩小选择范围的一种方法是在现有的对促进敬业度的因素的研究中，查看哪些方面存在着普遍一致性。 美国经济咨商局 2006 年的一项研究审查了由大型咨询公司实施的 12 项主要的敬业度研究，该研究发现，其中 4 项研究对 8 个因素的认知达成了一致：

- 信任和诚信——我相信组织中的领导者会正确行事吗？

- 工作性质——我的工作是否让我感到兴奋？

- 看待绩效的角度——我的工作是否会对公司产生影响？

- 职业发展——我可以在这里发展自己的事业吗？

- 对公司的自豪感——我为与这家公司有联系而感觉良好吗？

- 同事和团队成员——我喜欢与我共事的人吗？

- 员工发展——我是否得到了发展？

- 与主管的关系——我是否看重我的主管？

通过针对每个因素询问两到三个问题，你可能会得到一个简单但完整的问题列表，从而驱动敬业度。

提出可行的问题。盖洛普的 Q12 调查问卷上的一个问题是，"你在工作中有一个最要好的朋友吗？"虽然这个问题可能有助于盖洛普衡量敬业度，但普通管理者不知道应采取什么行动作为回应。敬业度问题应该使人们采取尽可能简单的行动。一个公平的测试应做到要求普通管理人员阅读每个调查问题，看他在成绩较低的情况下能否列举出两个措施来提升这项内容。如果他回答缓慢或根本无法回答，就要重新设计问题。

尽可能提供深层的组织数据。人们只有在拥有敬业度数据的前提下才能对其采取行动，因此可以将调查结果提供给最深层次的组织级别。如果调查过程完全自动化或外包，则共享不应成为问题。如果是手动的，请花费额外的精力确保调查对管理人员而言是具有可操作性的。

选择（但不要忽视）有效的敬业度模型。我们已经提到，敬业度的定义仍然是一个略微有所漂移的目标，并鼓励你将注意力专注于"超越"的行为。但是，要想衡量敬业度，需要在实际情况中确定你认为代表敬业度的因素。每家大型咨询公司都有经过验证的模型。不要在哪一个才是正确的争论上纠结——选择一个模型并继续下去。这个模型将保证你可以依据敬业度的最终定义衡量出其中有意义的部分。

每年进行一次调查。公司的管理者们很忙，他们会专注于占据案头的任何东西。如果上次敬业度调查是在一年半或两年前进行的，那么管理者今天就不太可能会考虑敬业度。如果调查设计得当，它可以提供有关如何更好地管理业务的宝贵信息。这些信息至少每年都值得拥有。根据组织或顾问技术的质量，考虑将包含一小组问题的满意度调查作为年中检查。

得当的满意度调查

满意度调查不应该仅仅是一份更短小、更频繁的问卷调查。如果设计得当，它会成为一个高度准确且具有可操作性的仪表板。

随着雅芳产品公司自 2006 年至 2009 年开始执行其扭亏为盈的计划，员工的敬业度数据既有助于推动行动，也有助于衡量进展。雅芳的管理者们对 2006 年 6 月的首次敬业度调查做出了快速响应，至 2007 年初他们迫不及待地想知道他们所付出的努力是否已经转化为成果。鉴于管理者们对提升敬业度负有个人责任，因此他们还需要获得有助于在需要时快速修正进程的信息。

雅芳的人才管理团队希望能更频繁地为管理人员提供敬业度进度更新，但却无法每六个月就进行一次全面的普查。同时，团队成员们明白，在这样一个至关重要的关键时期，该组织不会容忍这种程度的中断。

人才管理团队开始寻找一种可以用较为省力的方式提

供准确信息的方法，他们认定，以三个主要的敬业度驱动因素为框架，里面的若干问题在很大程度上可以影响敬业度的得分高低。这意味着，如果他们只是将这些问题纳入满意调查中，他们就能观察出敬业度的变化，并准确地看出这一变化正由哪些行动驱动。接下来，他们便可以以最少的复杂性和努力为管理者提供有价值的、可操作的信息。

他们创建了一项满意度调查，其中包括四个敬业度问题和与敬业度最强驱动因素有关的八个问题。管理人员收到的是一份单页报告，展现了其团队敬业度是如何变化的以及产生变化的原因。

制定量化的敬业度改进目标。除非有量化的改进目标，否则对改进结果实施的问责制就会缺乏约束力。量化目标意味着敬业度得分要逐年提高。至少，管理团队中的每个人都应该为他们各自的管辖领域制订改进目标。理想情况下，这种问责制应该在组织中尽可能地向下层叠，直至你可以对结果进行衡量。在之后的问责制部分中，我们会讨论让领导者担负起改进敬业度结果职责的不同方法。

在设计调查流程时，将许多元素纳入流程或许看起来是一件很自然的事，但是这个过程需要进行仔细的甄别。这些元素要么会增加复杂性而缺乏足够的价值，要么缺乏研究的支持。

避免使用基准比较或规范比较。人们都想知道自己与别人比较后的结果。它有助于满足人们感觉"符合正常"的需求。几乎每家咨询公司都可以为你所处的行业、地区、级别等提供敬业度基准（规范）。然而，基准数据导致了两个根本问题：它的正确性仅仅是从最广泛的意义上而言的；它提供了一种虚假的成就感（或缺乏成就感）。

规范数据的正确与否在于我们之前所指出的敬业度定义存在不一致的现状，以及各个公司和方法之间缺乏可比性。如果你对敬业度的含义缺乏明确的理解，那么你只是在依赖某一家公司提供的正常或平均水平的衡量标准。如果你转向另一家调查公司，将面临向管理者解释为何他们的基准比较现在是不同的（而且可能不太有利）的艰巨任务。

虚假成就感的危险在于，一旦达到目标，人们的动机水平就会降低。展示一个部门的敬业度分数等于或高于标准水平将比没有共享标准化数据产生更少的改进动机。此外，一个人对敬业度调查规范的回应与他对不利的360度反馈的回应是类似的。他会开启一切防御程序，向其他人证明（并向自己强化）数据是错误的，和自己没有可比性，或者数据正确但这是不可避免的，因为他在去年必须做出艰难的选择。

用于替代规范的方案实际上非常简单，且更具激励性——持续的改进。无论管理者们的分数是多少，都要让他们对敬业度的持续提升负责。这种方法采用游标卡尺的浮动标准，效果最佳，以确保敬业度分数起初为30％的那些人被要求比分数为80％的人以更快的速度提高分数。它还避免了关于敬业度尚无精确定义的问题，而是采用"更多总是更好"的方法。

不要报告详细的统计数据。显示平均值、标准偏差和其他描述性统计数据无疑是学术环境中显示量化结果的正确方法。然而在企业界，使用这些统计数据意味着一定程度的虚假的精确度（3.49的分数确实优于3.42吗？）并且不像"有利的百分比"回答那样容易理解。即使是看似基本的细节，例如，以五点制显示数据的完整分布，也可以通过将它们组合成更少的回答类别来得以简化。

挑战自己（并询问管理者们如何）以一种引导他们采取行动的方式呈现信息，且这种方式造成的干扰程度最小。我们在"增添价值"部分将详细介绍这种方法。

172

不要依靠焦点小组或团队会议来制订行动计划。为了体现包容性，一些领导者对敬业度结果的反应是立即向团队寻求如何采取行动的意见。通常，员工会很乐意对此做出回应，并对分享他们建议的机会表示感谢。但是，这种方法的问题在于焦点小组和团队会议会面临将领导者指向错误方向的风险。经过挑选的小组可能不具有代表性，可能存在对保密性的担忧，并且议程可能会由大多数成员的意见设定。这些就是你首先要进行匿名的、统计上合理的调查的原因。

征求员工关于行动计划的意见肯定会有所帮助，并且可以传达出领导者会认真对待后续行动的态度。但行动计划内容应由量化数据来确定。相反，焦点小组和团队会议应该阐明从量化结果中获得的见解，或者提出应包含在行动计划中的具体策略。

不要报告得分最高和最低的事项。得分最高和最低的评分项都会引发有趣的好奇心——仅此而已。专注于最低得分项会提升敬业度吗？你在得分最高的评分项上应该停止发力了吗？谁知道呢？如果敬业度调查的目的是帮助管理者对其员工做出更明智的决策，那么高分和低分都没有用处。

不要放入开放式问题。开放式问题是调查中的一个主要元素。"你有什么其他评论？"或"我们如何能提高你的敬业度？"等问题出现在数以千计的调查问卷中，管理者们会花费数小时的时间尽职地阅读调查结果并为此感到忧心忡忡。如果抛弃这些答案，调查过程会更有效。

开放式的回答存在许多缺陷；它们会对管理者产生干扰，偏离量化事实，存在选择偏见，并产生潜在的法律风险。管理人员对这些特别尖锐的、与其特定利益相关的评论以及其他发自内心的呼吁感到困扰。虽然评论初衷很好，但管理者应该把注意力放在量化数据上。当量化数据提供的是靠可靠方式收集的、精确的和有代表性的信息时，为什么还要从评论中得出结论呢？

开放式问题具有固有的偏见，因为只有那些选择撰写评论的人才会提供评论。对员工调查中开放式评论的研究发现，有不成比例的具有负面意见的调查对象选择发表评论——不过这并不具有很强的代表性。关于开放式问题价值的争论对于员工调查并不新鲜或具有特定性。管理人员将开放式问题视为确保调查对象能够回答在封闭式问题中不构成选项的问题；这一主张得到了一些证据支持。但是，如果一项调查的结构是合理的，就不应该被这种问题困扰。

当有人评论某某偷窃或者 × 部门存在种族偏见时，你现在掌握的信息需要人力资源部或道德委员会的全面跟进。确保委屈不满或道德程序可以鼓励人们通过更合适的媒介分享这些评论，而不是为匿名攻击和法律责任铺设道路。

我们之前对敬业度调查中应包含的内容进行了概述，我们同样希望对不应包括的内容进行明确说明。

不要偏离与敬业度相关的问题。敬业度调查是为了一个目标而设计——衡量敬业度。如果你令调查里充斥着你所感到好奇的项目，而并非是敬业度的驱动因素，你就是在增加无价值的复杂性，并且可能会让管理者分散注意力，从而偏离了最重要的项目。你的调查提供者可以帮助你规避这些类型的问题。你还可以对调查结果进行回归分析，以便可以识别并排除与敬业度几乎没有关联的问题。

如果你不想共享结果就不要进行调查。我们在其他部分提到了这一点，但在此要进行强调：如果你正在进行调查并且不打算公开分享调查结果，就立即停止此过程。你正在做的事情无异于将 360 度评估锁进抽屉里。与 360 度流程一样，你不会因为不共享调查结果就能隐藏任何事情——你的员工已经知道他们的敬业度程度如何。他们希望你承认自己也知道。

增添价值

如果你能告诉所有管理者如何提高敬业度，那不是很好吗？你可以让他们省去从厚重的报告中筛选信息，试图了解哪些项目有意义，而哪些没有意义的工作。你可以帮助他们快速关注最重要的问题，并证明你作为业务合作伙伴的价值。员工会为他们真实的担忧得到聆听而心存感激。如果你认为更高的敬业度意味着更高的绩效，公司也会见证得以改善的业务成果。

为敬业度过程增添价值是我们的方法需要统计或调查专家帮助的唯一时刻，但这值得付出努力。你还需要至少来自一个调查机构的结果来进行分析，以确定组织中最强的敬业度驱动因素。接下来，我们会概述增添价值的过程，然后提供足够的细节，以便你可以对调查供应商或内部调查专家进行指导。这个过程包括三个主要阶段：

确定敬业度驱动因素。通过统计分析了解工作场所中各种因素（管理者、对公司的信心、增长机会等）对组织敬业度的影响程度。

确定关键项目。创建参数以确定作为敬业度关键驱动因素的特定问题或项目（使用阶段1的结果）。

设计报告。设计一份调查报告，可以确切地指导每位管理者知道应解决哪些问题以及每个人提高敬业度的潜力。

1. 确定敬业度驱动因素。哪些因素有助于促进组织的敬业度以及它们各自作用的大小？例如，就驱动敬业度的能量而言，你希望了解"直接主管的看法"与"对公司战略的信心"（通常是敬业度的强驱动因素）或薪酬（通常是弱驱动因素）之间的比较。你可以使用驱动程序分析来理解这些关系，通常通过多元回归或结构方程建模（SEM）。根据组织的规模，你可能希望独立查看大型部门或业务规模庞大的部门，以观察其敬业度驱动因素是否与公司的总体驱动因素不同。它们可能非常相似，但你发现的任何差异都可能在很大程度上改变当地的敬业度策略。

多元回归还是 SEM？

实际上，多元回归阐释了每个敬业度驱动因素（例如与你的直接主管相关的所有问题）在其他几个因素保持不变的情况下，在提升总体敬业度上能够发挥多大的作用。多元回归可以表明直接主管因素是推动敬业度的最大因素，它应该比其他因素更受关注。

结构方程模型（SEM）提供了更多的洞察力。SEM检验各因素间是如何相互作用以促进敬业度的。换句话说，你不仅知道直接主管对敬业度的贡献有多大，也能获知对高级管理层的信心会影响员工对其直接主管的看法。这种更复杂的视角使我们能够真正确定出最大的敬业度总体驱动力。

例如，虽然回归分析可能会认为诚信是敬业度的主要驱动因素，但SEM会表明主管的看法会严重影响诚信观。在这种情况下，我们应该把努力的方向更好地放在改善主管的行为上，因为这些是员工对敬业度感知的根源。SEM是我们理解哪些问题或项目可以作为驱动敬业度的首选。

2. 确定关键项目。通过驱动因素分析中所提供的信息，你可以生成调查报告，向管理人员准确显示哪些项目对其敬业度得分的影响最大。我们可以采取几种方法。一种是对被认为是敬业度关键驱动因素的方面进行关注，然后选择与该特定工作团队的敬业度具有最高相关性的特定问题。例如，如果"对公司战略的信心"是关键驱动因素，并且"我理解公司的愿景"与你所在部门的敬业度具有最高的相关性，那么便可以选择该项作为最高行动项目。

要采用与组织相契合的方法，有许多选择可以对方法进行微调。例如，仅遵循概述的方法的一个风险是，它的假设前提是100%的人对任何给定的问题持一致意见，而这是极不可能的。例如，直接主管是一个强有力的因素，但100%的员工将他们的直接主管在每个问题中评为完美是几乎不可能的。挑战在于要知道任何问题的理论最大值是多少，因此，你不要建议管理者把注意力放在几乎没有向上提升机会的问题上。

为了解决这个问题，一种选择是将相关性分析与潜在范围分析相结合。你可以查看特定项的最低分和最高分，以确定该项目的潜在得分区间。如果"我的主管经常提供反馈"一项中的"同意"分数在35%到80%之间，我们会说80%是当时该分数的理论最大值。虽然"频繁的反馈"是一种很好的鼓励行为，但如果你知道该项的最高得分为80%，你就不应该告诉得分为77%的主管还应该关注这一方面。即使这个问题与敬业度高度相关，但是这位主管在这一项的分数上并没有什么进步的空间了。

还有其他选择需要考虑，例如，对有数据表明对公司有很大影响的某些行动项目进行优先考虑。这种优先排序将推动一些在关键项目上所投入的持续努力。鉴于某些问题和敬业度之间存在曲线关系，另一种选择是限制最近显著增加并且可能会削弱效力的项目。这里的关键是建立适当的公式，以便管理者们只看到输出 —— 一个影响最大的现实的、可操作项目的简短列表。

3. 设计报告。在调查报告的摘要页集中体现所有简化和增添价值的努力。此页应确切地告诉管理者们哪些项目对敬业度的影响最大，以及每种项目的潜在影响。与 OPTM 的理念一致，你对该页的设计应显示出让管理者做出正确决策所需的最少信息（OPTM 示例，如图 5-1 所示）。

敬业度摘要页：营销 – 亚洲
成绩概览

你们的成绩：63%   你们的变化：4%   你们的目标：3%
目标完成情况：完成

哪些方面最能够提升敬业水平？

许多方面有助于提升敬业度水平，但少数几个方面的作用是最大的。下面
的方框中列出了强大、中等和微弱的敬业度驱动因素。这些因素随着员工
需求的变化每年都会有所不同。

Chair Carpet 工业

强大	中等	微弱
方面　作用力	方面　作用力	方面　作用力
直接主管 1.5：1	高层管理 5：1	沟通 12：1
我们的战略 2：1	团队力量 7：1	多样化 13：1
成长机会 3：1	赋权 7：1	工作环境 13：1

哪些因素会推动你的团队敬业度？

以下列出的是依据统计显示最有可能提高你的团队总体敬业度的事项。它
们不一定是调查中分数最低的项。在对其他调查问题采取行动之前，你应
该对这些问题采取行动。

关键驱动因素（依据事项优先程度排序）	事项得分
#23 我的主管设定明确的绩效目标（直接主管）	67%
#12 我明白自己的工作对实现我们的业务目标有着怎样的作用（我们的战略）	59%
#4 我有足够多的职业发展机会（成长机会）	55%

图 5-1　OPTM 敬业度调查报告

第三步：创建透明度和问责制

敬业度调查提供了一个机会，它可以向员工展示你在敬业度得分高的方面和需要改进的地方都是透明的。让领导者对敬业度提升（而非特定水平）负责可确保你从流程中提取真正的业务建立价值。

透明度

与团队和其他人公开分享结果。与往常一样，我们的偏好是100％的透明度，除非有充分的理由需要减少透明度。让敬业度结果透明的两个有意义的好处是：首先，你的员工会知道你并不害怕分享新闻——不论是好消息还是坏消息。你还可以对他们进行教育，了解敬业度的事实，例如，水平、在当前公司的工作年限、工作类型等。销售人员没有理由因为他们的分数高于其他人（他们几乎总是如此）而洋洋自得。其次，管理者们非常有竞争意识，因此请利用这一优势。如果公开发布的敬业度成绩有助于让一些管理者关注提高他们的分数，那就更好了。

定期告知团队调查跟进的最新进展。你应该至少每季度就正在采取哪些措施来提升敬业度进行一次正式的沟通。我们建议沟通要尽可能的直接，直接用"你怎么说的，我们怎么做的"的措辞进行表述。

使用敬业度的提升作为评估的数据点。你刚刚收集了有关员工敬业度及其驱动因素的大量数据。其中一些数据清晰地反映了管理者们的效力。在评估管理者素质时，你应该将这些数据，或更好的是年度趋势视为一个信息点。

问责制

根据美国经济咨商局的约翰·吉本斯所说，虽然敬业度问责制应该"尽可能地贯彻到最低层级"，但很少有公司要求其领导者对敬业度结果增加负责。他认为，许多公司"仍然认为管理者的活动与敬业度结果增加之间的因果关系并非非常紧密。企业对让领导者对提高敬业度负责持谨慎态度，直到他们对管理者为改善敬业度可以采取的行动有了更好的理解。"我们对调查过程概述的好处是，它明确阐释了管理者为改善敬业度可以采取的行动，这应该能让你在令管理人员对提升敬业度担负直接责任方面觉得更自在。有几种方法可以推动这种问责制。

将问责制纳入奖金或绩效目标。我们对建议公司使用薪酬来推动人才实践问责制持谨慎态度，但在敬业度方面，我们全心全意地支持这种做法。很少有其他指标可以完全体现管理者有效管理团队的能力。衡量敬业度的年比提升是一个公平的指标。我们建议让其占管理者总奖金标准的20%。

公布敬业度分数或提升情况。除了作为透明度的关键要素之外，公开发布敬业度数据是问责制的有效驱动因素。正如我们在前面提到的，管理者天生具备的竞争意识有助于激励他们提高敬业度。如果你选择这种策略，有三点需要注意：

· 首先，两个不同部门的敬业度的提升可能并不相等，因为人数较少的团队可以出现较大的提升（或降低）。一个有十名员工的团队只要有一个人转为敬业便可以使敬业度增加10%，而一个有一千名员工的团队需要一百人变为敬业才能实现同样的转变。

· 其次，员工的组织水平会对他们的敬业度分数造成强烈影响。那些处于企业食物链顶端的人（副总裁及以上人员）几乎总是比基层的人敬业度分数更高。每个部门或团队中的人员级别分布可以显著预测他们的分数与其他人相比会有怎样的差异。如果你要公布分数，请务必解释这一事实。更好的是，只报告分数的提升情况以帮助平衡竞争环境。

·最后，与360度反馈一样，管理者可能会试图关注那些仅仅致力于提高敬业度成绩的短期行动来影响结果。出于某些原因，我们认为这不应成为说服你放弃的理由。假设管理者试图通过行为方式的突然变化让雇员变得更加敬业，但其实这并不能让雇员产生更多的信任感。因为雇员的聪明才智足以令他们看穿管理者试图在短期改变他们工作态度的意图。如果短期行动确实增加了敬业度，那么不论这种行动是出于什么目的，我们都应该欢迎这一点。而且这位管理者会发现在明年的调查中维持或提高原有敬业水平将更具挑战性。

总结：OPTM 敬业度调查

我们推荐的方法利用简单性和价值的全部力量来创建真正的业务工具。我们通过了解敬业度的关键驱动因素所需的最少项来化繁为简；我们简单地写出调查项，以便管理人员可以阅读他们的报告并轻松了解他们对优先项目采取的行动；报告本身会告诉每位管理者哪些项在增加其团队的敬业度上最为有力；管理者需要采取行动的所有内容都包含在易于阅读的一页纸上。易于携带、易于理解、易于操作。

克服异议

听起来很难。我想我还是会坚持现在的流程。

第一轮的统计分析和创建调查模型可能是有点复杂（对你而言，而非你的用户），但这值得付出努力。它能够告诉管理者们应确切地关注敬业度的哪些项以及每一项的作用大小，这是无可替代的。如果你坚持使用当前的模型，就将错失提升业务价值的机会。

让管理者对或许对敬业度没有影响的问题采取行动，你就是在浪费组织的资源。此外你还将分析工作也踢给了他们。你是更愿意他们把时间花费在解读敬业度数据上，还是把时间花费在尝试提高公司的业务成果上？

一年一次的调查太频繁了。每两年一次可以吗？

如果调查提供的信息有助于更好地管理业务，你希望多久获得该信息呢？如果每次调查之间的间隔是两年，敬业度可能会严重偏离正常轨道，并且是悄无声息的。忙碌的管理者们也只会关注摆在他们案头上的事务。他们越频繁地看到新的敬业度数据，就越有可能采取行动。不满一年就进行一次调查表明这是出于一种好奇心，而非一种商业工具。此外，鉴于当今组织的流动性非常频繁，除非每年进行调查，否则许多领导者将永远不会有机会看到逐年的结果。这无意中减轻了管理者采取有意义行动的压力，并增添了让他们承担责任的挑战性。

如果简单性是调查的目标，为什么不像一些调查那样只问十个或十二个问题呢？

不提供可操作数据的简单性是没有帮助的。调查应该只包括几项内容，既能衡量敬业度，也能理解改进的具体行动。

敬业度的主要驱动因素经常被确定为三到五个广泛的领域（直接主管、对高级领导层的信任、发展机会等），并且每个领域至少需要三到五个调查项目才能获得完全理解。再加上用作敬业度指数的四个或五个项目（这些项目创建调查分数，关键驱动因素是导致这些项目上升或下降的原因），一个调查包括二十个项目是很自然的。

一些公司提供的十项或十二项调查或许能很好地衡量整体敬业度，但它们无法提供管理层采取行动所需的具体细节。在调查项目如此少的情况下，执行统计分析并告诉管理者哪些问题是他们的行动重点是不可能的。但是，对于全面调查之间的满意度调查，十或十二个问题的数量则是合适的。

评估你的调查过程

·你的调查报告是否能让管理者们获悉可以提升团队敬业度的具体项目？

·高层团队或 CEO 是否要求领导者们对提高敬业度分数负责？

·完成调查所需的时间少于十五分钟吗？

·调查是否包含开放式问题？

·通过跟进，是否有明确的人负责调查流程和概念？

·如果管理者没有跟进敬业度结果会承担相应后果吗？

One
Page
Talent

第6章

胜任力：如何识别高潜力员工

在过去的30年中，胜任力的使用在人力资源中变得普遍，并融入从管理绩效到确定薪酬的各种活动中。超过90％的公司如今都拥有胜任力模型，并且整个行业都在帮助人力资源专业人员创建、实施和衡量它们。然而，这些模型的受欢迎程度掩盖了这样一个事实，即人们对于胜任力的含义存在很大的困惑，而且几乎没有任何科学表明胜任力是可以起作用的。

关于胜任力的意义和价值的困惑可能源于长时间以来对其定义的含混和不确定。在哈佛大学的戴维·麦克利兰（David McClelland）在1973年最初建议将胜任力作为工作评估流程的替代方案后，它们在理查德·博雅兹（Richard Boyatzis）的《胜任的管理者》（*The Competent Manager*）和丽利·斯宾赛和幸格·斯宾赛（Lyle and Signe Spencer）的《工作胜任力》（*Competence at*

Work）出版后便迅速发展成为一个更广泛的框架，用来评定、发展和评估管理人员。人力资源界在人力资源咨询公司的鼓励下接受了这一新概念，并开始以多种方式对其进行应用。因此，胜任力从目标狭隘的工作分析技术转变为有效绩效的通用解决方案。

这些快速变化也使"胜任力"一词保留了一丝《爱丽丝梦游仙境》的特质。在刘易斯·卡罗尔（Lewis Carroll）的这部经典中，憨墩胖墩对爱丽丝说："我用一个词儿，我要它什么意思，那词儿就是什么意思。"胜任力似乎体现了相同的逻辑，目前流行的各种定义之间存在着显著的差异，它主要包括以下内容：

·产生有效和卓越绩效的个人内在特征。

·与工作任务相关的系列行为特征。

·"一组可观察的绩效维度，包括与高绩效相关的，并为组织提供可持续的竞争优势的个人知识、技能、态度和行为以及集体团队、流程和组织能力。"

如今，在几乎所有与人才相关的实践中都能见到胜任力的身影，从绩效评估到职业发展计划再到培训计划。它们经常采用高度详细的多层模型的形式，将工作或活动切割成尽可能细小的部分。其逻辑是，通过识别与工作绩效相关的每种可能的技能或行为，可以更容易地发展、激励和评估这些活动。我们的经验表明，这种层级的细节虽然在理论上可能是正确的，但却产生了如此多的复杂性和如此少的价值，以至于大多数管理者要么忽略这些模型，要么无法理解它们。尽管存在这些质疑，我们仍然认为，在定义恰当和合理应用的情况下，胜任力具有加速组织中人才增长的巨大潜力。

对胜任力的阐释五花八门，差异显著，因此我们在本章中使用的定义是"在一个组织中对其竞争优势有助益的少数共通行为"。我们有意识地让这一定义更为广泛，并且比大多数定义中的组织层面更高。我们认为，广泛适用的行为而非特定的岗位行为可以产生真正的价值。

第一步：以科学为出发点

　　学术界对胜任力作为管理者工具箱中的补充工具的合理性持谨慎态度。一群研究人员甚至表示，"大多数胜任力模型都存在严重缺陷，说得好听一点，为组织绩效贡献的价值微乎其微"。然而，此前提到的那三位学者是少数几位至少探索过胜任力领域的学者。鉴于胜任力建模在组织中的普及程度如此广泛，相比之下对该主题的学术研究却如此匮乏，这种对比简直令人震惊。对胜任力的怀疑和长期以来的缺乏关注可能源于两个因素。

　　首先，与我们讨论的其他人才管理实践不同，胜任力并非脱胎于学术框架。虽然许多人力资源实践先是作为一个发达的研究机构的成果，之后转移到了商业领域，但对于胜任力而言，它的出现是由麦克利兰的著作催发，并被 Hay-McBer Associates 等其他人力资源咨询公司推广。无论彼时还是当今都没有纯粹的研究机构来对胜任力进行定义或对其益处的众多主张给予理论上的支持。事实上，许多学者都质疑胜任力作为一种独立的、可衡量的结构的有效性，并发现咨询顾问们在定义和衡量它们的方式上存在内在的矛盾。

其次，许多学者认为在工作分析和领导力等领域进行的研究与许多人力资源从业者所称的胜任力是重叠的。当其他具体的且经过充分验证的建构已经存在时，他们认为没有理由花时间研究一种不固定的概念。

无论这场辩论的好处是什么，都有强有力的证据表明胜任力的一个方面——管理者的行为——对个人和组织绩效均有影响。而且重要的是，还有强有力的证据表明这些行为可以被改变。

领导能力可以影响个人绩效

在过去的 50 年中，评估研究一直表明一小组个人因素可以预测出领导绩效。这些因素与 Lominger、Hay-McBer 和人事决策国际公司（Personnel Decisions International）等闻名遐迩的胜任力咨询公司所描述的许多领导能力相一致。因此，一个合理的结论是，这些因素如创新、驱动等，无论我们选择将其称为领导力维度、胜任力还是其他任何事物，都与个人绩效相关。

领导能力可以影响组织绩效

比知道管理者的行为会影响其自身绩效更重要的，是知道管理者的行为会以多种方式影响组织的绩效。对一些 CEO 的研究表明，他们的个性会影响团队的最高效率，而团队的最高效率会影响组织的绩效。管理者的行为也会影响绩效，因为他们会影响员工的满意度。研究表明，员工对管理者的满意度（敬业度的一个组成部分）与业务部门绩效的各种衡量指标有关。这个研究只显示了相关性，而非因果关系，但是随着大量的研究表明敬业度是组织绩效的主要预测因素，这种关系可能是有意义的。

胜任力可以随着时间的推移而发展

对情商、社会智能和组织公民行为的研究表明，人们可以用影响工作成果的方式改变他们的行为、自我形象和认知过程。更简单地说，人们可以控制自己的行为，通过将奖罚措施进行正确的结合，可以使自己的行为与组织的需求相一致。这为"领导者是后天造就的，而非天生的"赢得一分。

当整个组织的胜任力表现一贯时可能会产生竞争优势

这个概念看似是直观的，我们相信这是真的，但没有确凿的科学可以证明它。它一直是大量公司战略领域研究的主题，也是胜任力驱动结果论点的合理延伸。该理论最初由加里·哈默尔（Gary Hamel）和哥印拜陀·克利修那·普拉哈拉德（CK Prahalad）撰写的《哈佛商业评论》文章《公司的核心竞争力》（*Core Competence of the Corporation*）推广，它指出如果一个组织拥有大量唯一的技能和行为，就能获得竞争优势。所谓的"大量"实际是始终展现出一小部分行为的成千上万的人。从理论上讲，如果这些行为产生了市场所珍视的能力，那么一贯表现出这些行为的组织将比没有这种行为的竞争者具有优势。

创造大量的行为应该是企业胜任力建设活动的重点。成功培养这些能力不仅可以带来哈默尔、普拉哈拉德等人所建议的市场优势，还可以提高组织的内部效率。在每个组织中，共通行为有助于定义其文化并指导工作的完成方式。

这些行为通过确保工作执行方式的一贯性（即彻底地、创造性地杜绝官僚主义）使业务的内部效率更高，通过广为人知的规则使相互作用更容易预测，并为雇用、解雇和晋升的人员类型提供指导。我们认为这是胜任力的协调效应，即使哈默尔和普拉哈拉德文章中所引用的更大的组织利益尚未实现，这种协调效应为发展一些差异化的胜任力提供了强有力的根据。

第二步：化繁为简，增添价值

科学清楚地表明胜任力可以提高个人和公司的绩效，但依据我们的经验，这种情况很少发生。尽管各个公司在设计高度详细和复杂的模型方面进行了大量投入，但他们并没有从这项投资中获得太多的回报。其中的一个挑战是能否将胜任力有效地融入其他人才实践中。根据2009年韬睿咨询的一份名为《艰难时期的人才管理》（*Managing Talent in Tough Times*）的研究发现，只有33％的公司将胜任力融入其他人才实践中，这一数字与"新人才管理网络"调查中发现的44％接近。每当一种人才实践未能强化某些关键行为时，让管理者在这些关键行为上协同一致的力量便会极大降低。

胜任力模型本身往往是造成其无效性的主要原因。许多模型的弊端在于包含了太多的行为和过于复杂的定义。规定了领导者应该展现的三十、四十或五十种不同行为的企业胜任力模型并不少见。虽然你可能认为所有这些复杂性会带来更大的独特性，但结果却恰恰相反。

胜任力模型不可告人的肮脏小秘密在于它们几乎都是雷

同的。你可能花费数百万美元和数月的时间为自己所在的公司开发了一个模型，但它描述的行为和先前就已经被证明可以提高组织绩效的那些行为并无二致。"依据我们的经验，不同组织的领导力模型中有大约70％的胜任力都是相同的。"世界顶级评估咨询公司之一美国心理学会的创始人罗伯特·莱弗顿博士说。当你稍作思考就能知道这句话是不无道理的。一家公司可以获取成功的方法是有限的，因此你的成功模式与竞争对手相比不可能大相径庭。然而，如果你所在组织中重要的行为与你竞争对手所重视的行为是相同的，你是否还有可能通过胜任力创造任何竞争优势呢？幸运的是，答案是肯定的——这就需要一种更简单的模型、完全的融合和完美的执行。

化繁为简

确定构成差异化的几种行为。一种包含 67 种胜任力的流行的框架表明领导者可以在工作中通过多种不同的方式做出表现。但是，有些胜任力可能会构成获得业务成功的决定性差异。使胜任力成为竞争优势的最重要步骤是从数百种可能的选择中识别出三到五种行为。这可能比你想象的容易。移动通信咨询有限公司的人才管理副总裁玛丽·埃肯罗德描述了她在思科系统公司 (Cisco Systems) 的经历："我们建立了一个简单的模型，它包括三个组成部分——业务拓展，团队发展和自我发展。当时，每一项都是业务所确定的重点关注领域。我们的文化崇尚简单性和速度，因此每个部分只需确定三到四个可观察到的行为。"实现这种简单程度需要付出相当大的努力，但是可以做到的。

我们在此将介绍创建胜任力模型的两个不同的流程——高管访谈（接下来会讨论）和 OPTM 胜任力矩阵（在"增添价值"部分讨论）。它们既可以单独使用，也可以共同使用，从而创建出高度个性化的、可操作的行为。

进行高管访谈。你可能在进行高管访谈方面拥有丰富的经验，因此我们不会赘述有关该主题的入门知识，而是将重点放在旨在使胜任力访谈富有成效和实用性的具体步骤上：

·准备访谈。在进行访谈之前了解所在公司的战略。如果你的公司有一个战略小组，就从那里开始。要求小组成员分享详细说明公司战略的所有文件。要求对他们进行访谈。如果你的公司没有战略小组，或者战略在组织内部没有得到很好的沟通，那么接下来要做的是浏览投资者关系网页。许多公司会将他们的介绍发布给股票分析师；这些介绍通常包含对公司战略和进展的全面评估。即使是私营公司也会定期发布这些信息。

·建立观点。根据对公司的研究和知识，建立一个关于哪些胜任力最重要的观点。你应该能够说出哪些行为在你看来是最重要的及其原因。这个观点应该可以帮助你提出更多具有探究性的、跟进的访谈问题，例如，"我们对新兴市场不断增加的关注会如何影响你对重要行为的看法？"

对结果进行访谈。

·提出两个简单的问题。胜任力访谈开始的最佳方式（在给高管们提供了一些有关讨论的背景介绍之后）是这样提问，"描述（公司）成功的未来领导者。与当今最成功的领导者相比，他们应该具有哪些相同之处和哪些不同之处？"在列出四到五个主要行为之后停止询问。你的目标是确定高管所认为的最重要的行为，而不是为每个有价值的行为都编制索引。

·推动对行为的描述。高管们并非是擅长描述胜任力的专家，因此你需要推动他们具体地描述行为。一个不错的问题是，"当领导者成功地贯彻了这种行为时，人们会看到什么？"

·对结果进行优先排序。如果你认为自己已经听到了有关最重要行为的答案，接下来就要要求高管对他提到的三大行为进行排序。他可以使用任何有意义的标准。你的目标只是要了解哪种行为是最重要的。

·确定主题。在访谈之后，你需要提取关键主题并列出胜任力的初稿。突出显示每个领导者提出的优先行为并单独列出。将那些几乎完全相同的行为和其他围绕同一主题变化的行为（例如企业家精神、积极主动、主人翁心态）进行分组。哪些行为是最常提到的？哪些似乎最能代表你所听到的精神？哪些是公司特有的、有助于创造竞争优势的行为？理想情况下，你会梳理出一些最引人注目的行为。如果没有，你需要与高管进行另一轮对话以缩小列表范围。

一旦你明白了这些若干重要的行为，下一个任务就是对它们进行包装，以便与组织产生共鸣。这一步看起来似乎只不过是某种美化，但对于有效的沟通和执行是至关重要的。如果这些胜任力的呈现方式是直观的，描述清晰，听起来与组织相契合，那么它们被使用的机会就会大大增加。

采用简洁、直观、鼓舞人心的描述。理想的胜任力描述会令对行为的表述鲜活灵动并贴近领导者。GE多年来一直擅长使用其价值观作为其胜任力模型。其之前的胜任力模型包括诸如"对卓越的热爱和对官僚主义的憎恶"这样的语句。对于领导者而言，这句话既鼓舞人心又格外清晰。GE于2003年宣布的价值模型采用了一种混搭方法，它陈述了八项价值，并将每两项价值与一个行动声明结合起来。其中一个行动准则是，"我们唯才是用，以学习进取、兼容并蓄、求新求变的精神保持企业领先。"这种描述或许不像前一个那样鼓舞人心，但在对领导者的要求方面非常明确。 GE目前的"成长价值"保留了这种简单的措辞，并被纳入了领导者绩效的衡量标准（见图6-1）。

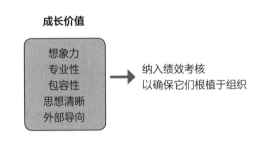

图6-1 通用电气公司的成长价值

使用直观、简洁的语言将大大有助于管理者理解和采用这些行为。如果你按照GE的方式表达所需的行为，将使管理人员能够轻松地阅读、理解并展示它们。如果你的表述是管理者应该"通过培养包容性和尊重的精神来建设性地发展团队",那么他们需要花费更长的时间才能弄明白该做什么。他们需要向 HR 询问、猜测你想要什么,或者更可能的情况是,他们什么都不做。

用所在公司的语言风格描述胜任力。"不要使用听起来像人力资源模型似的语言,"通用磨坊的凯文·威尔德说,"用业务语言表述业务模型。"你的语言和措辞越接近公司的风格,领导者就越有可能认同这些描述。要求高管在向你描述行为时采用平常与员工讨论时一样的方式。在创建胜任力模型时采用该种措辞和风格。

让胜任力描述适用于所有管理者或领导者。正如我们之前所提到的,所有领导者或管理者都应对相同的行为负责。将胜任力描述落实在纸面上,以便所有级别的管理者都能清楚如何让自己的行为符合这些描述。对不同级别的管理使用不同的描述无法通过复杂性 – 价值权衡的测试。

将胜任力整合进所有流程中。那些渴望找到灵丹妙药以提高公司业绩的人力资源和人才领导者应重点关注这一点。"新人才管理网络"2009 年的人才管理状况调查发现,将人才系统评为有效的组织与认为其系统是围绕一个共同的胜任力模型保持一致的组织之间存在直接关联（见图6-2）。胜任力应该纳入绩效管理流程、人才评估、360度反馈、培训、招聘、选拔、学习和发展以及所有其他流程中，借此强调这些是员工最重要的行为。

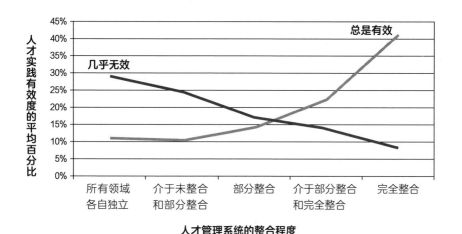

图6-2　整合的人才管理系统更有效

6-1和6-2的表格可以使你快速审核出公司的胜任力整合至其人才实践中的有效程度。创建一个类似的表格，列出组织中的每项人才实践和领导力模型中的胜任力。具体记录将胜任力整合至每项实践或流程的方式。这种快速审核将准确揭示出胜任力可以增加更多价值的地方。

表 6-1　每项胜任力整合至人才实践的程度

	胜任力 1	胜任力 2	胜任力 3
人才盘点			
360 度评估			
绩效考核			
领导力培训			
辅导			
敬业度调查			
外部选拔			
年终奖励			
长期激励			

表 6-2　每项胜任力整合至人才实践的程度

	胜任力 1	胜任力 2	胜任力 3
人才盘点			
360 度评估	直接衡量		非直接衡量
绩效考核	纳入	纳入	
领导力培训			
辅导	由导师决定	由导师决定	由导师决定
敬业度调查	问题 4	问题 8、12、18	
外部选拔		纳入访谈引导	纳入访谈引导
年终奖励		由管理者酌情纳入	
长期激励	纳入		

定期修改胜任力。如果胜任力反映了组织的业务战略，那么它们应该与时俱进。心理学会的安·比蒂说："改变的

意愿很重要。组织与发展职能在构建过程中介入得如此之深，以至于他们无法想象要改变所构建的结果。"许多人力资源领导者们亲口对我们说过不想改变模型的理由，如"我们刚刚完成这个模型。""我们承受不起。""如果我们这样做，其他的一切也必须相应改变。"如果说胜任力能够培养出与组织战略契合的领导者，那么这些借口就意味着公司宁愿让领导者与战略不相符，也不想找到改变模型的方法。

避免详细的工作层级模型。如果胜任力模型有助于调整领导行为，那么为什么不用它们为如何在每个职位上表现卓越提供详细的指导呢？首先，你需要确凿的证据，证明提供此类的详细信息会对绩效产生重大影响，从而为开发模型投入的资源和员工熟悉这些模型所需花费的时间提供合理性。然而，目前没有研究能够证明存在这种联系。一些研究表明，这种对工作的微观分析通常会适得其反，会导致出现很多可以对多个岗位的绩效做出相同预测的不必要的雷同模型，而不是他们原本定位的那个岗位的模型。

增添价值

高管访谈是识别组织关键能力的一种方式,但我们创建了一种工具,它可以作为一种更简单的替代方案。在组织经历了新近的业务或高级领导层变动的情况下,这种方法也可以成为访谈流程的补充且具备高价值,从而推动在不同观点之间形成一致性意见。

OPTM 胜任力矩阵。这一新工具可以使领导者快速、准确地判别出能够推动公司高绩效的重要胜任力。更好的是,它可以让你根据这些胜任力评估领导者,并了解他们改变这些行为的能力。

通过矩阵判别胜任力的方式在于使用组织科学中理解最为透彻、经过彻底验证的概念之一——个人与组织的契合。根据这一理论,当人们与其组织的某些方面相契合时,包括文化、业务战略、价值观等,人们更有可能获得成功。契合度越高,个人的绩效就越高(众多好处之一)。那么我们怎样才能确定某人是否与组织契合呢?

以下两个因素最能体现一名领导者与组织的契合程度:

1. 与竞争优势契合。领导者的能力和行为与为组织实现竞争优势所需的能力和行为相契合的程度。

2. 与组织稳定性契合。领导者的能力和行为与组织所面临问题的重要性相契合的程度。

与竞争优势的来源相契合。组织可以从许多来源中获得竞争优势。如同迈克尔·波特（Michael Porter）这样的战略家所提出的，成本领先、差异化和聚焦都可以创造这种优势。其他研究人员提出了基于资源的战略观，企业可以通过积累稀缺的资源和能力从而获得竞争优势。基于资源的观点是前面提到的哈默尔和普拉哈拉德著作中的核心内容。

我们认为，这两种观点的融合，即大量唯一的技能和行为使一家公司成为成本领先者、与众不同者等可谓是竞争优势的核心。组织可以通过在效率或创新方面的出色表现来实现这一优势，如图6-3所示。

竞争优势的来源

效率 ——————————————— 创新

从产品或服务的效率中获得优势   从创造差异化产品或服务中获得优势

（更低的成本、更快、更精确等）   （新颖的、定制的、突破性的等）

图6-3　竞争优势天平

寻求创新优势的公司会专注于率先推出新技术、新产品或新设计。它会追求高价领跑和高利润，试图从真正的创新中获得应有的更高的回报。苹果公司就是一家在创新方面开展竞争的公司。虽然它并不总是产品的领导者（例如，MP3播放器在 iPod 发布之前就已存在多年），但其创新的产品设计和界面（例如，iPhone，iTunes）均提供了竞争优势，使其遥遥领先于竞争对手。

在天平的另一端，一些企业则通过效率寻求竞争优势。通过效率竞争的公司将通过聚焦于创新的金融结构（例如，戴尔在购买用于制造计算机所需的供应品之前接收客户的付款）、创新的物流安排（例如，沃尔玛与供应商一起集成供应链流程以确保完善的库存控制），或更为传统的成本控制模型（例如，外包到成本低廉的国家）将自己规划为低成本领导者。

一家公司当然可以在保证效率的同时拥有主导的创新焦点（反之亦然），但公司会发现成功追求一个以上的竞争优势来源是很难的。要做到这一点，需要在这两个领域都建立起卓越的胜任力，这是一个代价高昂的建议。因此，尽管所有公司都可以位于效率 - 创新天平的某个点上，但它们更有可能最终只偏向其中一端而不是位于中心点。

竞争优势的天平与对领导者的评价是相关的，因为领导者的从业经历和人格类型会强烈影响他与公司竞争环境的契合程度。我们在此没有足够的篇幅来阐述人格研究的全部内容，但我们可以肯定的是人格驱动了许多行为，从而显著影响着一个人是否与组织相适应。那些崇尚充满创造力的环境、热爱变化、重视灵活性的人是以销售和营销为导向的，他们喜欢寻求风险，会在以创新为竞争优势的公司中感到更加如鱼得水，参与感更强。那些喜欢流程效率、分析和结构，并且更具财务导向性等特征的人，最适合进入以效率为竞争优势的组织且会发挥最佳表现。

与组织的稳定性相契合。尽管你所在的组织看起来似乎一直处于动荡不安的状态，但它有时候或者会变得更稳定，或者更不稳定。在每一种不同的状态中，要想成功驾驭组织需要具备不同的领导力行为。我们的组织稳定性天平从"稳定"滑向不稳定（见图6-4）。我们将不稳定定义为组织面临与结构、竞争或财务问题相关的多个重大转变的可能性。"稳定的"组织意味着这些方面仅存在着轻微的问题或没有问题。每个组织所处的位置介于两端之间。

组织的稳定性程度

稳定 ———————————————— 不稳定

组织几乎没有或完全没有面临与结构、竞　组织面临与结构、竞争或财务问题相

争或财务问题相关的重大转变　　　　　关的多个重大转变

图6-4　稳定性天平

当前，企业处于不稳定状态的一个实例是通用汽车公司（General Motors），它刚刚从破产中脱胎换骨，焕然一新，并面临着巨大的竞争挑战。埃克森美孚（ExxonMobil）代表着稳定性。当然，这并不意味着它是一个没有挑战的企业，只是说它继续寻找、开采和销售石油产品的能力似乎并不是岌岌可危。

某些领导者在不稳定的环境中苗壮成长，他们可能比典型的领导者更具魅力、更擅于沟通且更具战略性。其他领导者或许在高稳定性的环境中更有效力。他们是业务的杰出日常管理者——管理项目、培养团队并交付成果——但如果要求他们领导组织度过不确定的时期，他们就会表现平平，无法出类拔萃。

所有这些特征都是由个性和生活经历所驱动的，因此它们在短期内不太可能发生变化。每个领导者都是在连续统一的某一个点上与组织相契合并且达到成功的巅峰。

使用矩阵。通过结合以上两个维度，你将看到你的业务或业务部门处于四种独特的情境之一（如图 6-5 所示）。在每种情境中，竞争优势和组织稳定性天平上的不同位置规定了成功所需的行为。两个方框相交的地方是你需要关注的实际行为，这具体取决于你对组织的定位。

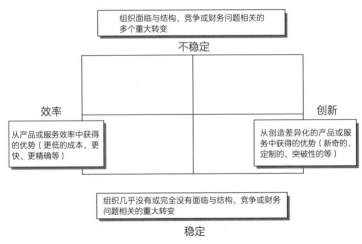

图 6-5　OPTM 胜任力矩阵

任何组织或领导者都可以在能力矩阵上找到自己的位置。让领导者参与这一过程可确保他们认同最终的产品。使用能力矩阵的一种有效方式是找准组织今天的位置以及你认为的今后两到四年内的定位。你可以对整个组织定位或仅定位一个业务部门。组织在两个维度的位置反映了当今的需求，并显示了当前现实与未来目标之间的差距。

如果你在领导层会议上或与个别领导者们一起对组织进行定位，需要事先展示出一个空白的能力矩阵并解释两个维度的含义。让参与者们在网格上标出一个点，用于显示组织今天的位置，并用 X 表示他们认为的今后两到四年内的定位（见图6-6）。X 的位置（或在群体环境中 X 的平均标记位置）代表胜任力模型所要考虑的行为范围。点与 X 之间的距离表示领导者的行为必须有多大的改变才能确保组织未来的成功。两者之间的距离越远，表明当今领导可能无法到达目的地的风险就越大。

图 6-6　判别未来的胜任力

使用这个定位练习来确定要聚焦的胜任力。例如，如果X位于右上角（创新／不稳定），你需要兼具与这两者相契合的行为。如果它位于左下方，则需要兼顾与效率和稳定相契合的行为。我们在图6-7中展示了一些初步的行为。你可以用它打造自己的胜任力，作为通往正确方向的指引。

一旦对行为进行定位后，你可以将它们整合到HR流程中，以便每个可以改变和强化行为的流程都聚焦于这几个重要的行为。

评定领导者。胜任力矩阵增加了特殊的价值，因为它支持对领导者与组织的契合程度进行快速评定。"人才不是通用的，"雅芳的吕西安·阿尔齐亚利说，"一个组织中人才的定义是由其业务和战略引导的。"一旦了解了组织在网格上的位置，就可以使用初步的胜任力列表对领导者进行相同的定位练习。

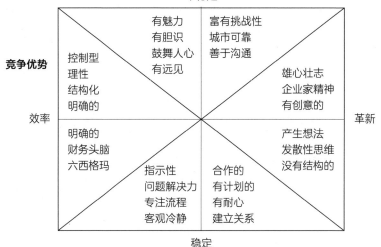

图 6-7　可能的胜任力行为

例如，哪一组竞争优势行为最能描述苏在营销中的表现——与效率相关的还是与创新相关的？在天平上做一个标记，表明苏的整体行为。使用稳定性天平进行相同的分析。苏是一个在工作中头脑清晰、擅于沟通的人还是更加沉稳和专注流程的人呢？在网格上将两个评级的交叉点标记出来。（见图6-8）它是否从总体上对苏进行了描述？代表苏的标记与表示组织未来发展方向的标记距离有多远？两者之间的距离越大，表明她在未来情景中的适应能力就越小，在没有明显改变行为的情况下，她取得成功的难度就越大。

图 6-8　根据胜任力行为评定领导者

第三步：创建透明度和问责制

透明度

胜任力很少涉及透明度的问题，但有几点值得强调。当然，要广泛地传达胜任力，并帮助员工就你如何使用它们获得准确的理解。胜任力是否用于绩效评估？使用哪些工具或流程？它们是否纳入绩效管理或人才评估中？如果答案是肯定的，重要之处在于应该清楚地说明其运作方式以及潜在的结果。胜任力的完全透明意味着可以在内部网或通过其他易于访问的沟通渠道轻松获取这些答案。管理者们也应当了解其背后的过程和意图。

问责制

如果你确信所识别的胜任力与卓越的绩效是有关联的，那么就要让管理者和员工对展示出胜任力负责。敬业度调查和 360 度评估是胜任力绩效的两个最佳衡量指标，人才盘点和绩效管理流程是让人们负责的两个最佳领域。

作为人才盘点的一部分进行衡量。在委派新的任务、项目或晋升时，要考量领导者的行为。采取何种方式将这些行为正式地纳入人才盘点讨论取决于你自己。你可能想让一位领导的 360 度评估结果成为你众所周知的备用参考。当然，领导者们应当知道自己的 360 度评估结果被使用的方式。

作为绩效评估的一部分进行衡量。如果你单独地进行人才盘点和绩效评估，则可以将其用作强化行为问责制的场所。正如我们在绩效评估章节中所提到的，无论你是正式还是非正式地在该流程中对胜任力进行衡量，都需要强化正确的领导行为，以便公司取得成功。

总结：OPTM 胜任力模型

OPTM 胜任力模型中存在一些关键行为，它们使员工与公司的价值观或战略保持一致（例如，见图 6-9）。这些行为在组织的各个层面都是鼓舞人心的、实用的且可理解的；它们完全被整合至你遴选、发展、评定和奖励人员的方式中；它们是清晰的，不会被理解为由某个委员会设定为"讨好所有人的"，或需要你的法律顾问担任指导；它们在组织的各个层面都是一致的，并且当以一贯的方式得到贯彻时，能创造出竞争优势。

图 6-9 OPTM 胜任力模型

将这些行为转化为一些清晰直观的陈述

Chair & Carpet 工业

在 Chair & Carpet 工业，我们：

摒除创新的障碍，创造突破性的产品以惊艳我们的客户。

激发组织各个层级的精彩创意，永远不让等级观念阻碍我们的思考。

今天交付卓越的成果，同时为明天做出最佳决策。

植根于谦逊恭谨、伙伴关系和诚实守信的价值观并从中汲取养分。

克服异议

如果我们向领导者们提供更多细节，他们将更好地了解要展示出的行为。

以简单直观的语言描述胜任力可以使领导者能够轻松确定要采取的正确行动。一个需要考虑的问题是不向领导者提供大量额外细节会导致的风险。他们的行为会完全偏离标记还是仍然朝着正确的方向发展？如果对胜任力进行适宜的描述，这个风险应该很低。如果某些其他细节在你的组织文化中具有很高的价值，设计一张单页表格，列出每种行为的一些示例。但是这些示例不需要正式包含在胜任力定义中。记住，模型越复杂，领导者理解和使用它的可能性就越小。

如果没有详细的胜任力模型如何描述职业道路？

在创建胜任力模型之前，企业就已经对职业生涯进行了多年的讨论，因此还存在其他选择。职业生涯也不像以前那样线性，所以职业对话应该集中在员工需要提升的经验上，而不是关注他下一项工作应该是什么。如果他们获得了正确的经验，那么正确的工作就会随之而来。

这个更广泛的讨论将令员工思考项目类型、曝光、培训和其他他们可以用来提升技能的发展工具。我们建议通过确定员工可能对他们今天的两个职业方向感兴趣的一两个角色开始。使用传统的职位描述，绘制出令某人取得岗位资格的经验和行为。

确定员工获得这些经验的各种方式，以及员工的行为与职位理想的契合程度。一项基本的发展计划完成了，该计划应该有助于员工在职业道路上前进。

我们使用我们的胜任力模型进行遴选。我们怎样才能使用你所说的比胜任力更好的"精辟的小陈述"？

你向员工表达关键行为的方式应该是我们之前描述的格式和基调。如果你想将它们整合到遴选或评估过程中，仍然可以将它们转换为更具体的行为描述。即使在这种情况下，我们也建议你让它们保持简单易懂。因为更为复杂的影子胜任力模型，只会使员工感到困惑。

将胜任力模型限制至少数的行为不能帮助领导者理解获得成功所需的一切。

它能够帮助他们理解最重要的行为——那些与你所在组织中的成功密切相关的行为。根据定义，如果模型中未提及某项行为，那它就不属于关键行为。在你的领导力发展计划中你可能有兴趣探索其他通用领导行为。虽然这在某些情况下可能有用，但这些能力或行为对于公司的成功而言是次要的。

评估你的胜任力建模过程

· 你能说明每项胜任力是如何直接支持你的业务目标的吗？

· 你的领导们是否会在第一次阅读时觉得每项能力或行为陈述都是直观且易于理解的？

· 你是否用所在公司的语言风格描述胜任力？

· 你希望领导者展示的主要行为是否超过五种？

· 每种胜任力的行为示例是否超过两个或三个？

· 胜任力是否整合进遴选过程？是否纳入评估或360度评估、训练课程、绩效管理中？

One
Page
Talent

第 7 章

标准量化：可持续的人才复制模板

现在，我们希望你是一位OPTM的支持者。你已经开始考虑每项人才实践的设计、辨识化繁为简的机会和创造增添价值的新方法。你的胜任力模型很快要比原来的精简了四分之三。你实际上正对绩效评估抱有期待，这样你所在的公司便可以看到你取得的进步。

虽然将复杂的、低价值的人才流程转变为OPTM模型是具有关键意义的第一步，但要想实现可持续的成功绝非一日之功。可持续的成功意味着人才实践要按原本的设计执行，拥有组织的支持，并且复杂性不会再次悄然出现。在与来自IBM、美国运通、百事公司、雅芳产品和通用磨坊等高绩效组织的领导者交谈后，我们发现了确保长期成功的三个关键因素：

CEO和高层团队的支持

避免复杂性的悄然出现

让合适的人才负责人才管理

获得这些因素需要付出不断的努力，给予持续的关注。它们共同保证了可持续人才管理的可持续性。

CEO 和高层团队的支持

正如任何人才领域的从业者都可以证明的那样，理解人才重要性的 CEO 与不理解人才重要性的 CEO 的区别往往在于，前者会实现人才管理的持续成功，后者会让人才流程随着时间的推移逐渐衰退。当 CEO 们亲自塑造正确的行为时——定期进行人才盘点、在领导力课程上授课、按时进行绩效评估——他们会用自身的行动向组织发出明确的信号，表明这些活动非常重要。当 CEO 们也愿意让领导层对培养优秀人才担负起职责时，该组织很快就会成为一家人才工厂。

然而，如果 CEO 或高管团队的理念尚未转变，也并不妨碍任何人建立人才工厂。人才管理者的一个重要角色就是拥有说服高管层支持人才战略的诚信和勇气。 Booz & Co 的德安妮·阿吉蕾表示，"许多商业领袖对人力资源主题感到不安，因此他们会避开这些主题，而是专注于他们知道自己会获得成功的领域。我们人力资源部门在帮助他们了解这些事情的运作方式方面做得还不够。"

我们发现有一些方法可能对持怀疑态度的高管层特别有说服力，包括财务吸引力、个人吸引力和竞争吸引力。

财务吸引力

为了说服某些领导者对人才建设实践进行投入，我们需要一个强有力的财务案例，从而展示这种投入会带来明确的货币回报。

对于大多数人才实践而言，这是一个很大的障碍，并且要使你的论证具有说服力就需要对收益进行切合实际的财务评估。一种方法是以一家真实的公司作为实例，来表明快速和真实的投资回报：

去年，我们推迟了在 X 国开展业务，因为我们没有合适的总经理人选。三个月的延期意味着 3000 万美元的收入损失（每月 500 万美元的损失持续六个月）。除非我们能够更快地培养出更优秀的总经理，否则我们今年在 Y 国，明年在 Z 国会面临相同的困境。如果我们一年能培养出两名总经理，那么我们早在六个月前便可以开始实现 500 万到 1000 万美元的收入流。这将有助于提早为你提供项目 Q 所需的现金。以下是我们提升总经理实力的建议。它的投入成本在新收入中的占比不到 5%。

另一种方法是向高管描述一个你知道他会认同的问题："如果我们希望让 X 工厂全力生产，罗伯特真的需要更好地管理他的团队。"这样问你的高管，如果他可以挥一挥魔杖立即纠正罗伯特的行为，他需要付出哪些成本。然后提出一个只需一半成本的解决方案。

有些实践并不适合进行简单的财务分析。领导力培训的重启？我们永远无法真正计算出精确的数字和波动，来试图证明目前的培训会耗费时间并且看起来不那么可信。对于某些人才实践而言，要么 CEO 认为这是正确的，要么持相反意见。如果他持有异议，你会想要利用具有更可衡量回报的实践，或考虑我们接下来讨论的替代方法。

个人吸引力

根据美国运通的凯文·考克斯的说法，"领导层经常无法记住那些帮助他们发挥潜力的干预、学习和发展机会"。个人的吸引力要求我们需要温和地提醒他们。我们每个人都可以反思自己的职业生涯，并判别出一两次强大的发展经历。除非这些都是痛苦的经历（有时即使是这样），我们也或许会觉得这种经历的某些变体也会使其他领导者受益。在试图说服抗拒的高管支持某项计划或流程时，可以利用这些经历。他们是否执行过对自己的职业生涯至关重要的海外任务？利用这一事实提出让更多领导者获得发展任务的建议。他们有自己看重的导师吗？鼓励高管与高潜力的领导者们分享自己的智慧，从而让他们也成长为像自己这样杰出的领导者。

竞争吸引力

向竞争意识极强的高管们指出，竞争正让他们望尘莫及："你在《日报》中看到 CEO 史密斯谈到他们的人才盘点会比竞争对手培养出更好的领导者吗？"或"我咨询领域的朋友告诉我，她在周末的领导力课上为 XYZ 公司的高管们授课！他们似乎对快速培养领导者的态度非常认真。"

如果你不相信这种策略是有效的，那么自忖有多少家公司至少有一项流程都是盲目地从 GE 那里照搬的，只因为后者是一家声名卓著的公司。唯一的提醒是，如果你的公司在竞争中一马当先，高管们是不会在意第二和第三名所做的事情的。

你或许还有与这些方法一样奏效或更有效果的示例。最重要的是，如果 CEO 或高管团队没有获得人才，那么你要尝试传递事实，这是你的职责。如果经过多次努力，你发现他们仍然无法被说服，他们极有可能永远无法得到人才，这表明你所处的环境并非是一个有利于获得长期职业成功的环境。按照雅芳产品公司的吕西安·阿尔齐亚利的说法，"人生苦短，与缺乏人才思维的最基层的部门领导者共事是浪费生命。"

避免复杂性悄然出现

设计一个简单、增值的人才实践是一个很好的开端，但如果复杂性随着时间的推移而重新出现，则所有的努力将付之东流。将复杂性视为人才流程在缺乏持续警惕的情况下会重返的一种自然状态——好比人才管理花园中的杂草。无论是为了响应客户要求所做出的本意良好的变更，还是顺应区域团队让流程适应当地的条件，流程自始至终都存在风险。有效地管理复杂性倾向需要定期监控流程并衡量其有效性。

最佳策略包括定期进行价值－复杂性审核、保持流程设计稳定以及频繁衡量流程结果。

进行价值－复杂性审核

年度价值－复杂性审核可以确保找出并消除任何悄然进入流程的复杂性。即使你的流程设计曾经是 OPTM 的杰作，你也可能会发现，随着时间的推移，它需要付出比预期更多的努力，或者它所提供的价值水平不符合原始的期望。组织中的某些事物可能已发生变化，需要你从流程中移除更多的复杂性。

在价值－复杂性审核中，你要评估人才实践中的每个要素，以确保增加的价值仍然超过所产生的复杂性。这个步骤很简单：

·收集有关用户满意度的数据。理想情况下，对使用该流程的管理人员进行定量调查，针对复杂性、作为业务工具的实践的价值、他们想获得的改进等进行询问。你还应该从人力资源领导者（通过调查）获得有关他们对部门经理对实践满意度的意见。

·清点实践。创建一张列表，列出流程中包含的每个设计元素以及完成它们所需的每个操作。复核调查数据以查看是否还有其他要添加的元素。在一列中列出这些元素，并在每个元素旁边创建两列，以评估每个元素的复杂性和价值（见表格7-1）。

·进行审核。与人力资源或人才管理团队一起审核列表中的每个元素。询问团队：

- 我们怎样才能让这个步骤更容易？

- 我们如何才能使这个步骤增加更多价值？

- 如果用户在为流程添加步骤，为什么会发生这种情况？

- 如果我们取消这个步骤或元素，有多少人会在意？

以价值−复杂性曲线为指导，对每个元素或步骤进行评级，标记为继续、谨慎或停止。

表 7-1 绩效管理的价值 - 复杂性审核

元素或步骤	我们能去除复杂性吗？	我们能增添价值吗？	继续、谨慎还是停止
目标栏	不能		继续
指标栏	可以。指标栏上面的说明比所需的复杂		继续
所需的季度评估	可以。季度评估的好处未经证明		谨慎
主管核验员工是否都收悉了电子版评估		可以。给主管发送包含每个员工收悉状态的电子邮件，附有可以点击发送提醒邮件的链接	继续
……	……	……	……

保持设计的稳定性

即使流程的变更消除了复杂性或增加了价值，管理人员也不希望每次使用的流程看起来都像是新设计的。审核可能会显示复杂性正悄然出现，但以一种和用户无缝的方式调整流程是要小心谨慎。所需的根本变更应大约每三年进行一次。对流程的微调每年应不超过一次。

衡量流程结果

如果关键指标没有朝着正确的方向变化，那么人才实践就无法运作。对于每项人才实践，请确定一个或两个指标，以显示流程是否正在提供预期的业务结果。这与告诉你流程本身是否正常运作的指标（如衡量员工调查的参与率）不同。例如，如果一项流程的目标是增加组织的战略目标与员工行动之间的一致性，那么衡量标准可能是有多少员工认为自己的目标与更大的战略目标相关（敬业度调查衡量），以及对多少目标真正以这种方式保持一致的评估（绩效目标审计）。关于举行了多少次年中评估的衡量并不能回答这个问题。

科技呢？

你可能会惊讶于在阅读了整本书之后发现我们还没有提到过人才管理技术。我们对人力资源技术没有偏见。我们认为它具有实现 OPTM 实践的巨大潜力。但我们对目前科技如何应用于人才管理存在两个严重的担忧。

我们首先要关注的是，大多数人才管理软件设计师都犯了与我们在前言中讨论过的相机设计人员相同的错误。他们在系统中放置了所有可能的花哨的内容，这与 OPTM 核心秉承的简单易用方法相冲突。软件供应商们解释说，这些功能都是可以关闭的，以使流程更简单，但这通常同时会限制所需的功能，从而在做出权衡决策时会产生更大的复杂性。让受到花哨内容诱惑的业务和人力资源领导者悬崖勒马，并指出组织已经为此付出代价也变得更具挑战性。

我们的第二个担忧是，我们听到太多的人才经理在回答这个问题时——"你的（绩效管理／人才盘点／发展规划）的流程是什么？"会用软件程序的名称作答。"我们使用 TalentTech 进行绩效管理"并未能说明你的流程是什么或应该是什么。人才流程绝不应该由软件定义，软件应该为人才实践赋能。理想的人才管理软件使管理人员能够更轻松地执行简单流程，或提供支持更明智的业务和人员决策的数据。

让合适的人才负责人才管理

可持续发展的最大驱动力是人才管理者的能力。我们听到过同样强有力的案例，即人力资源领导者应该进行人才管理，或者专业人才管理领导者最适合这项工作。无论结构或职称如何，这些领导者必须具备真正有效的专业知识、业务知识和强大的影响力技能。

寻找人才管理能力的挑战在于，许多人力资源专业人员在员工关系、招聘或组织发展方面拥有丰富经验，但对业务运营的看法却有限。虽然功能性知识很有价值，但若想从人才决策上对有抗拒情绪的业务主管产生影响是需要具备商业思维的。除了功能技能，人才管理领导者必须了解和热爱业务，拥有生产思维，并表现出勇气。

了解和喜爱业务

人才管理者必须了解业务的财务、运营和战略现实，特别是其组织的业务。他们应该能够利用与其他业务领导者一样多的基于事实的知识来应对其业务环境中的挑战和机遇。

了解业务。管理人才建设流程的人员至少应具备商业素养，包括理解公司财务报表的能力，产生商品或服务的基本知识，以及在最低可接受水平下的经典战略模型的操作知识。理想情况下，他们可以拆分资产负债表，了解公司品牌实力背后的驱动因素，了解工厂的布局，并描述供应链的复杂性。

曾供职美国银行的吉姆·尚利提出了一个有效的人才管理或人力资源专业人士的指标：如果你走进一个房间，首席执行官，首席财务官和人才管理高管正在里面谈论业务，你应该分不出哪个是人才管理领导者。

热爱业务。参与人才管理的领导者应该对业务的运作方式有着深刻和持久的好奇心。他们应该热爱新产品的创造和销售过程，从原材料到成品的旅程，以及不断努力满足客户。这种素养是非常无形的，但对效力有着重大的影响。

具备生产思维

那些从事人才管理的人经常将自己的角色视为工匠——个人的任务是逐一雕刻特殊和独特的领导者。这个领域的许多人都受到这样一种想法的挑战：他们应该像生产小部件一样对待领导者的生产。现实是人才管理是一项生产工作，他们是人才工厂的工厂经理。人才管理者需要确保原材料到位，生产线以适当的速度移动，并且冲压，切割和抛光机器都能正常工作。在生产线的最后，他们需要保证产品符合客户的规格，并且他们需要重新调整任何不符合客户要求的产品。

展现出勇气

实施 OPTM 的人才经理或人力资源领导者面临的最大挑战是避免先前讨论的复杂性蔓延。在 OPTM 实践推出后不久，业务部门或人力资源领导者可能会接近你，表达他们的一个简单的请求："我们喜欢新的绩效管理流程。谢谢你让它变得如此简单。如果你可以添加……那将会带来真正的益处。"这将是 OPTM 在组织中能否保持可持续性的第一次测试。根据客户的反馈进行微调可能没什么问题，但除此以外的任何动作都会让你迈向复杂的滑坡。当你为别人做出改变时，你能拒绝对方的下一个请求吗？

你的选择是要么坚持自己的信念——简单、强大的流程始终最佳——或者做出一点妥协，并祈祷这是最后一次。当然，内部客户对可用性和价值的反馈是 OPTM 方法的核心，但是在时间跨度足以评估影响之前，坚持简化流程的勇气至关重要。

结论

我们知道，今天的人才实践是无法满足高管们的需求的。高管们担心他们的组织缺乏人才，并怀疑能否产生更多人才。

即使有关如何培养人才的答案唾手可得，他们也不会将这些知识转化为成果。我们相信，解决方案在于从根本上简化并增加人才管理实践的价值，以确保其实施并释放经科学证明的力量。通过为这些实践增加透明度和问责制，我们可以确保它们顺利和可持续地运作。

你的 OPTM 之旅将充满挑战。那些对现状有既得利益的人会反对你的想法。那些只是害怕变革的人会坚持认为事情已经"足够好"。然而，鉴于组织中人才的地位，你面临着明确的选择。你的组织可以继续重复相同的人才实践，同时希望获得不同的结果。或者它可以致力于一种可持续的新方法，以更快地建设更好的人才。

关于作者

马克·埃夫隆：人才战略咨询公司的创始人兼总裁，领导该公司的全球咨询、教育、行政人员搜索和出版业务。他创办并出版了《人才季刊》，并且是《哈佛商业评论》出版的《实现卓越绩效的8个步骤》（8 Steps to High Performance）一书的作者。埃夫隆对人才管理形成了独具一格的标志性方法，并在他的书籍和咨询工作中对此进行倡导，即人才管理要秉持基于科学和证据的简单性、责任心和透明度。在成立人才战略咨询公司之前，马克曾担任雅芳产品公司副总裁兼人才管理，并领导了怡安·翰威特（Aon Hewitt）全球领导力咨询业务。他还曾担任美国银行领导力发展高级副总裁和国会参事助理。 马克深受众多公司和大型会议的追捧，是有关人才管理和领导力话题炙手可热的演讲者。他的人才观点被商业媒体广泛引用，并被公认为人力资源领域前100名影响者之一。

里亚姆·奥尔特：人力资源负责人、作家和演讲者，曾在世界 500 强公司中负责人力资源和人才管理。目前担任安飞士·巴吉集团（Avis Budget Group）人力资源高级副总裁，该集团是全球领先的汽车租赁服务提供商，旗下拥有 Avis、Zipcar 和 Budget 等多个品牌。在此之前，米里亚姆在百事公司担任了近十年的行政人力资源职务，包括为在一百个新兴国家和发达国家开展的全球业务中领导人力资源。在此之前，她曾担任北美雅芳产品公司人才管理高管，负责整个企业的人才战略和规划、领导力发展以及绩效管理。她在人才管理中多次发挥作用，为雅芳全球 4 万名员工开发人才流程和项目。米里亚姆与他人合著了有关领导力的多本书籍，并经常为有关人力资源和人才管理的出版物和会议贡献自己的力量。

致　谢

这部书可谓凝结了集体的经验、影响和挑战。我们谨在此共同感谢为我们的手稿提供意见的所有人士：德安妮·阿吉雷，吕西安·阿尔齐亚利，安娜·贝蒂，梅琳达·布拉姆利，艾伦·丘奇、凯文·考克斯，玛丽·埃肯罗德，比尔·法默，约翰·吉本斯，蕾切尔·李，罗伯特·莱弗顿博士，麦克·马克维茨，P.V.拉马纳·穆尔西，迈克尔·佩斯，杰森·佩格，N.S.拉詹，吉姆·尚利，劳伦·塔特和凯文·威尔德。还有哈佛商学院出版社的编辑梅琳达·梅里诺，没有她的支持和指导，本书就不可能付梓出版。梅琳达首先建议我们将"一页纸"的概念写成一本书，然后在编辑过程中对我们进行了专业地引导。她在出版社的团队非常乐于助人，我们想在此特别感谢考特尼·申克在编辑过程中给予的支持和斯特凡妮·芬克斯为本书设计的精美封面。

马克的致谢：我在职业生涯中遇到过很多人，他们给予我见解、支持和经验，也为这本书提供了很多的参考和借鉴。

囿于篇幅，我无法在这里感谢所有曾经帮助过我的人，但请诸位明白，我非常感谢你们在过去的时日里给予我的那些建议、指导、挑战和鼓励。我想向马歇尔·戈德史密斯表达我最深切的感激之情，是他的理念和方法启发了 OPTM，并对我的工作和个人生活产生了不可估量的积极影响。感谢米里亚姆·奥尔特，除了共同构建 OPTM 概念，她还是一位理想的写作伙伴，在一切为零的情况下为我带来平衡、洞察力、结构和灵感。感谢我的妻子米歇尔，她是我坚强的后盾，忍受了我的挑灯夜战，以及 2009 年里看不到我的每一个周日，谢谢你。

米里亚姆的致谢：多年来，很多人一直抽出自己的时间给予我指导和支持，这本书是他们思想的结晶。首先，我要感谢合著者马克·埃夫隆，与你合作撰写《团队黏性》是一种荣幸，我们既将它发展成一个概念，也最终集结成书。感谢你的辅导、智慧、指导，以及教授给我有关人才管理的一切。吕西安·阿尔齐亚利让我有机会参与了推动本书出版的大部分工作，以及获得成功的赞助。

谢谢你们对我抱有信心，并对我的进步给予不懈的支持——谢谢。每一天，不论是同事、客户和导师都会不断对我产生影响，为我带来挑战和激励。虽然我要感谢的人太多，无法一一列举，但请接受我最诚挚的谢意。

感谢我的家人，他们总是为我鼓劲，谅解我对工作的沉迷，并帮助我一直专注于内心最重要的事，能够有你们在我身边，我感到非常幸运。最后，衷心感谢我的丈夫艾力，他的应变能力、对我工作的理解和支持让一切变得与众不同。